Hübner · Nemitz | Furor

Theater der Gegenwart

Lutz Hübner

Sarah Nemitz

Furor

Nachwort und Anmerkungen
von Anke Christensen

Reclam

RECLAMS UNIVERSAL-BIBLIOTHEK Nr. 14288
2022 Philipp Reclam jun. Verlag GmbH,
Siemensstraße 32, 71254 Ditzingen
info@reclam.de

Gestaltung: Cornelia Feyll, Friedrich Forssman
Druck und Bindung: Druckerei C.H.Beck,
Bergerstraße 3–5, 86720 Nördlingen
Printed in Germany 2025
RECLAM, UNIVERSAL-BIBLIOTHEK und
RECLAMS UNIVERSAL-BIBLIOTHEK sind eingetragene Marken der Philipp Reclam jun. GmbH & Co. KG, Stuttgart
ISBN 978-3-15-014288-2
reclam.de

MIX
Papier | Fördert gute Waldnutzung
FSC® C019821

Personen

HEIKO BRAUBACH (56), Ministerialdirigent und OB-Kandidat
NELE SIEBOLD (46), freiberufliche Altenpflegerin, Mutter von Enno (18)
JEROME SIEBOLD (29), Fahrer bei einem Paketdienst, Neffe von Nele

Ort

Die Wohnung von Nele Siebold

Zeit

Echtzeit, Abend, Gegenwart

1. Szene

Das Wohnzimmer von Nele. Sofa, Stuhl, Rauchglastisch, hinter dem Sofa eine Kommode, auf der eine Thermoskanne, Kaffeebecher, eine Schale mit Obst und eine Plastikflasche mit Wasser stehen. Etwas zurückgesetzt ein Garderobenständer. Links die Wohnungstür, rechts ein Fenster. Gesamteindruck: sehr sauber, auch wenn die Möbel bessere Tage gesehen haben. Nele steht am Fenster, beobachtet etwas, dann rückt sie ihre Kleidung zurecht, sie wirkt nervös. Es klingelt, sie geht zur Haustür. Braubach, ein großer, massiger Mann in Lederjacke und Jeans steht in der Tür.

BRAUBACH. Guten Abend, Frau Siebold. Ich bin Heiko Braubach.

NELE. Guten Abend. Bitte kommen Sie herein.

(Nele geht ins Wohnzimmer, Braubach folgt ihr.)

BRAUBACH. Schuhe aus?

NELE *(schüttelt den Kopf, dann deutet sie auf das Sofa).* Bitte.

(Braubach zieht seine Lederjacke aus, Nele nimmt sie ihm ab und will sie zum Garderobenständer bringen. Braubach setzt sich aufs Sofa.)

BRAUBACH. Moment.

(Braubach deutet auf die Jacke, Nele hält sie ihm hin. Braubach holt sein Handy aus der Jacke, legt es auf den Tisch, Nele hängt die Jacke auf, kommt zurück und setzt sich auf den Stuhl.)

BRAUBACH. Schön haben Sie es hier.

NELE. Schon gut. Wollen Sie einen Kaffee?

BRAUBACH. Nein danke.

NELE. Ich habe extra frischen gemacht.

BRAUBACH. Eine halbe Tasse vielleicht.

NELE *(geht zur Kommode, schenkt einen Becher voll).* Milch? Zucker?

BRAUBACH. Schwarz.

(Nele gibt ihm den Becher.)

Danke. Sie wollen keinen?

NELE. Nicht so spät am Abend. Außerdem bin ich nervös genug.

(Braubach nippt an seinem Kaffee. Nele steht wieder auf, geht zum Fenster.)

NELE. Sie stehen in einer Einfahrt.

BRAUBACH. Der Fahrer ist im Wagen.

NELE. Und der wartet auf Sie.

BRAUBACH. Ja.

NELE. Haben Sie es denn eilig?

BRAUBACH. Nein, er wartet, bis wir fertig sind. Egal, wie lange es dauert.

NELE. Ich kann ihm einen Kaffee bringen.

BRAUBACH. Das ist nicht nötig, vielen Dank. Er ist das gewohnt, es ist sein Job.

NELE. Wie Sie meinen. *(Sie setzt sich wieder auf den Stuhl.)*

BRAUBACH. Danke, dass Sie sich die Zeit nehmen.

NELE. Ja. Ja gut.

(Kurze Stille.)

BRAUBACH. Wie geht es ihm?

NELE. Er ist seit gestern runter von der Intensiv.

BRAUBACH. Das freut mich.

NELE. Man hat ihm ein Bein amputiert, und er hat ein zertrümmertes Schulterblatt.

BRAUBACH. Das weiß ich. Ich meinte auch nur: Es freut mich, dass er von der Intensiv runter ist.

NELE. Eigentlich wissen die nur, dass er durchkommen wird, alles andere … was wird … das weiß keiner. Oder sie sagen es mir nicht. Ich weiß es nicht, ich weiß überhaupt nichts. Bis man da überhaupt mal einen Arzt zu sprechen kriegt …

BRAUBACH. Aber das Krankenhaus hat einen sehr guten Ruf.

NELE. Waren Sie bei ihm?

BRAUBACH. Vor zwei Wochen, da lag er noch im künstlichen Koma.

NELE. Seither nicht mehr?

BRAUBACH. Ich weiß nicht, ob es hilfreich wäre, wenn ich ihn besuche. Aber wenn Sie möchten, kann ich gern noch einmal bei ihm vorbeischauen.

NELE. Das müssen Sie selbst entscheiden.

BRAUBACH. Ich glaube, es ist zunächst wichtiger, dass wir beide miteinander sprechen. Und dass ich Ihnen mein Mitgefühl aussprechen kann. Persönlich. Das war mir wichtig.

NELE. Der Unfall ist zweieinhalb Wochen her. Das ist eine lange Zeit.

BRAUBACH. Ich musste das auch erst verkraften.

NELE. Und? Haben Sie es ›verkraftet‹? Ich nicht.

BRAUBACH. Ich glaube, Sie wissen, was ich meine. Aber gut. Sie sind wütend, das kann ich verstehen. Aber ich bin nicht schuld an dem Unfall. Es gab eine Untersuchung. Ich trage keine Schuld, das hat der Bericht bestätigt.

NELE. Ich weiß. Ich habe auch nicht gesagt, dass Sie schuld sind. Und jetzt sind Sie hier. Das ist ja auch gut. Ja. *(Sie sieht Braubach einen Moment an, dann holt sie ihr Handy von der Kommode, tippt darauf und gibt es Braubach.)* Hier, das war vor drei Jahren. So hat er ausgesehen.

BRAUBACH. Hübscher Junge.

NELE *(nimmt ihr Handy zurück, steckt es ein)*. Er heißt übrigens Enno.

BRAUBACH. Das weiß ich.

NELE. Ich meine nur. Weil Sie seinen Namen nicht gesagt haben.

BRAUBACH. Das war keine Absicht.

NELE. Ein halbes Jahr nach dem Foto hat er mit diesem Scheiß angefangen. Glaubt man nicht, oder? Was sind das denn für Menschen, die solchen Kindern Drogen verkaufen? Fünfzehnjährigen! Das will mir nicht in den Kopf. Dass man sowas nicht in den Griff bekommt. Mal durchgreift. Egal, darum geht es nicht, gut … Sie wollten was sagen, also sagen Sie es.

BRAUBACH. Was meinen Sie?

NELE. Sagen Sie mir, dass es Ihnen leidtut, meinen Jungen zum Krüppel gefahren zu haben. Oder dass Enno Ihnen leidtut. Wenn Ihnen dann wohler ist, bitte … mir hilft es nicht. Und Enno auch nicht. Weil sein Leben versaut ist. Ein Junge von achtzehn ohne Schulabschluss im Rollstuhl. Den kann ich den Rest meines Lebens betreuen. Können Sie mir sagen, wie das gehen soll? Hier? Glauben Sie, hier kommt man mit einem Rolli durch? In der Enge hier? Umziehen kann ich nicht, umbauen auch nicht. Der kommt noch nicht mal an der Waschmaschine vorbei aufs Klo, das haut alles vorne und hinten nicht hin. Und was soll der hier den lieben langen Tag machen? Ich werde nicht da sein können, ich bin auf Arbeit, ich muss um acht aus dem Haus und komme nicht vor sechs zurück. Reduzieren kann ich nicht, sonst reicht es nicht, ich bin selbstständig. Und wer soll sich dann um ihn kümmern? Wo soll ich sonst hin mit dem Jungen, was soll denn aus dem werden? Von Ihrem Mitleid kann ich mir nichts kaufen.

BRAUBACH. Ich habe nicht von Mitleid gesprochen, sondern von Mitgefühl …

NELE. Das ist alles dasselbe, alles überflüssig.

BRAUBACH. Außerdem bin ich hier, um mit Ihnen zu besprechen, was ihm hilft.

NELE. Wenn Sie ihn nicht über den Haufen gefahren hätten, das hätte geholfen. Aber Sie schaffen es ja noch nicht mal zu sagen, dass es Ihnen leidtut. Sie wollen Ihr Mitgefühl ausdrücken, das können Sie doch gar nicht. Sie können überhaupt nicht mitfühlen, wie es mir geht, ich bin seine Mutter, wie wollen Sie denn wissen, wie es in mir aussieht? Aber Sie haben es ja auch ›verkraftet‹.

BRAUBACH. Das habe ich nicht, glauben Sie mir. Aber es ist nun leider passiert, und jetzt müssen wir überlegen …

NELE. Ja, es ist passiert. Und Sie saßen am Steuer.

BRAUBACH. Er ist mir direkt vors Auto gelaufen! Kein Mensch hätte da noch rechtzeitig bremsen können. Das haben der Gutachter und alle Zeugen bestätigt.

NELE. Das habe ich verstanden, wie oft wollen Sie das noch sagen!

(Kurze Stille, Nele steht auf, geht ans Fenster, setzt sich wieder.)

Ich meine das nicht so. Aber das muss auch mal raus, man erstickt ja sonst, auch wenn Sie nicht schuld sind und das alles. Darum geht es mir ja nicht.

BRAUBACH. Tut mir leid, wenn ich gerade etwas lauter geworden bin.

NELE. Also. Gut. Sie wollen helfen. Das ist ja auch nett von Ihnen. Auch dass Sie sich überhaupt noch bei mir gemeldet haben. Ich habe nicht mehr damit gerechnet. Zweieinhalb Wochen. Das ist eine lange, eine sehr lange Zeit, wenn es jeden Tag um Leben und Tod geht. Da hätte man schon gerne mal einen Hinweis, irgendwas, dass da jemand weiß, dass er keine Katze überfahren hat, sondern einen Menschen. Egal, wer schuld ist. Wissen Sie, was ich meine?

BRAUBACH. Ja, das weiß ich, sehr genau sogar. Ich sage es Ihnen ganz ehrlich: Mein Team hat mir abgeraten, ich wäre sonst schon früher gekommen. Ich wollte eigentlich sofort mit Ihnen Kontakt aufnehmen, das gehört sich so, aber … Man kann als Person des öffentlichen Lebens seine Entscheidungen nicht immer selbst fällen. Aber Sie haben Recht, zweieinhalb Wochen sind eine lange Zeit.

NELE. Jetzt sind Sie ja da.

BRAUBACH. Ich wollte nicht großkotzig klingen. Also, natürlich fälle ich meine Entscheidungen selbst, aber …

NELE. Sie sind da. Gut, habe ich doch gesagt.

BRAUBACH. Übrigens habe ich auch zwei Kinder.

NELE. Schön.

(Stille.)

War es der Wagen da draußen?

BRAUBACH. Nein, ich war mit meinem Privatwagen unterwegs.

NELE. Und warum haben Sie den heute Abend nicht genommen?

BRAUBACH. Ich fahre seit dem Unfall nicht mehr gerne selbst. Ich bin seit dem Unfall gar nicht mehr selbst gefahren, um genau zu sein.

NELE. Deshalb der Fahrer? Haben Sie den angestellt?

BRAUBACH. Das ist der Fahrdienst des Ministeriums.

NELE. Möchten Sie noch Kaffee?

BRAUBACH. Hätten Sie ein Glas Wasser für mich?

(Nele steht auf, geht nochmal kurz zum Fenster, dann weiter zur Kommode, wo sie ein Glas aus der Kommode nimmt und Wasser einschenkt.)

Sie müssen sich um den Fahrer keine Sorgen machen, der hat seine Handyspiele.

NELE. Ich warte auf Jerome, meinen Neffen. Er wollte bei unserem Treffen unbedingt dabei sein.

BRAUBACH. Natürlich, wenn Sie wollen, aber … ist das wirklich nötig?

NELE. Das haben wir so ausgemacht. Ja. Er hat sich die letzten Wochen rührend um mich gekümmert, auch um Enno, er war mir eine große Hilfe. Ich hab sonst niemanden, mit dem ich das alles besprechen kann.

BRAUBACH. Dafür habe ich natürlich Verständnis …

NELE. Und da will ich ihn jetzt nicht ausschließen, verstehen Sie? Wo er sich so lange zurückgezogen hatte und jetzt wieder für uns da ist, wenn es darauf ankommt. Er müsste auch schon längst da sein, er steht sicher irgendwo im Stau. Aber er kommt, ganz sicher.

BRAUBACH. Also, wenn es Ihnen hilft … aber wir können trotzdem schon gemeinsam überlegen, was das Beste für Enno wäre, oder?

NELE *(stellt ihm das Glas Wasser hin, setzt sich wieder)*. Wie meinen Sie das?

BRAUBACH. Glauben Sie denn, ich komme hier nur vorbei, um mein Mitgefühl auszudrücken? Ich denke schon an konkrete Hilfe. Oder was dachten Sie?

NELE. Was soll ich denn denken? Zweieinhalb Wochen Funkstille …

BRAUBACH. … das habe ich Ihnen ja gerade erklärt …

NELE. … ja, habe ich auch verstanden. Dann reden Sie davon, dass Sie nicht schuld sind, nicht mehr Auto fahren können, selbst Vater sind … da kann man schon auf die Idee kommen, dass es sich damit hat. Der Junge ist selber schuld, steht so im Bericht, also, was soll ich da denken?

BRAUBACH. Ist Enno alleine in seinem Zimmer?

NELE. Ja. Gottseidank. Da steht zwar noch ein zweites Bett, aber er ist alleine.

BRAUBACH. Gut. Das wird auch so bleiben, solange er das will.

NELE. Wieso? Haben Sie das denen gesagt?

BRAUBACH. Ja, ich habe mit dem Chefarzt gesprochen. Sie belegen das zweite Bett nicht, damit er seine Ruhe hat.

NELE. Das können Sie als Politiker einfach so ansagen?

BRAUBACH. Ich kenne den Chefarzt. Es ist der einfachste Weg, den Einzelzimmerzuschlag zu sparen. Ich erwähne es auch nur, damit Sie sehen, dass mich das alles beschäftigt.

NELE. Aber sonst? Kommt da sonst noch was auf mich zu?

BRAUBACH. Was meinen Sie?

NELE. An Zusatzkosten. Eine Anzeige? Oder Schadensersatzforderungen? Dieser Kontrolleur, den Enno geschlagen hat? Oder der Schaden an Ihrem Wagen, das war doch bestimmt ein teurer Wagen?

BRAUBACH. Wer hat Ihnen denn sowas gesagt?

NELE. Da kommt sicher noch was auf mich zu, oder? Da weiß ich noch gar nichts drüber, ich habe mich bis jetzt nur um Enno gekümmert. Können Sie mir sagen, was da noch kommt?

BRAUBACH. Da kommt nichts mehr. Natürlich nicht.

NELE. Das ist überhaupt nicht natürlich, über sowas denke ich nach, verstehen Sie das nicht? Ich habe seit zweieinhalb Wochen keine Nacht durchgeschlafen, es sagt einem keiner was. Da müsste es eine Stelle geben, die einem sowas sagt. Ich habe jeden Tag Angst, wenn die Post kommt.

BRAUBACH. Ich bin hier, damit Sie sich keine Sorgen mehr machen müssen.

NELE. Sie haben gut reden.

BRAUBACH. Frau Siebold, jetzt bleiben Sie mal ganz ruhig. Ich bin hier, um Ihnen zu helfen, das müssen Sie mir glauben. Niemand stellt Forderungen. Reden wir darüber, wie es weitergeht. Sachlich, okay?

NELE. Gut.

(Stille. Nele versucht sich zu beruhigen.)

BRAUBACH. Oder ist Ihnen das jetzt zu viel? Sollen wir dafür einen neuen Termin ausmachen?

NELE. Wie ist es passiert?

BRAUBACH. Das möchte ich Ihnen lieber ersparen.

NELE. Ich will das wissen.

BRAUBACH. Haben Sie den Abschlussbericht nicht gelesen?

NELE. Ich will es von Ihnen hören.

BRAUBACH. Entschuldigen Sie, aber das möchte ich nicht.

NELE. Es würde mir helfen.

BRAUBACH. Das hilft weder Ihnen noch mir, glauben Sie mir.

NELE. Das kann ich selbst entscheiden.

BRAUBACH. Ich glaube, es wäre einfach hilfreicher, über die nächsten Schritte zu reden. Wenn Sie das nur im Beisein ihres Neffen besprechen möchten und es Ihnen zu belastend ist, mit mir alleine zu sprechen …

NELE. Wie kommen Sie denn darauf? Darum geht es jetzt doch gar nicht.

BRAUBACH. Oder mein Büro schickt Ihnen Vorschläge, was man tun könnte.

NELE. Nein, warum denn? Was habe ich denn gesagt?

BRAUBACH. Wenn es Ihnen unangenehm ist, mit mir zu sprechen.

NELE. Was haben Sie erwartet? Was glauben Sie denn, wie es mir geht, seit das passiert ist? Ich kann jetzt hier nicht Mitgefühl, danke, so, und jetzt wird geplant, zack, zack, das geht mir alles viel zu schnell, ich kann das so nicht, verstehen Sie das denn nicht? Sie drängen mich so, ich kann gar nicht nachdenken, ich habe Ihnen doch gesagt, in was für einem Schlamassel ich stecke, respektieren Sie das bitte!

BRAUBACH. Tut mir leid, ich wollte nicht unhöflich wirken.

NELE. Wir reden ja, gleich, einen Moment noch.

BRAUBACH. Auch gut. Also warten wir?

NELE. Ich kenne Sie schließlich gar nicht, ich weiß nur aus der Zeitung, wer Sie sind, und irgendwie geht es schließlich auch um Enno, oder? Um den sollte es zuerst gehen, ja?

BRAUBACH. Natürlich. Ich habe nichts anderes gesagt.

NELE. Was wissen Sie denn über ihn? Wissen Sie überhaupt irgendwas?

BRAUBACH. Offen gestanden nicht viel: dass er ein Drogenproblem hat, offensichtlich auch ein Problem mit seinen Aggressionen und damit, sein Leben in den Griff zu bekommen.

NELE. Also nur das, was über ihn in diesem Drecksblatt geschrieben wurde. Ist das das Bild, das Sie von meinem Jungen im Kopf haben? Von mir kam das nicht. Wissen Sie, wo das herkam? Ich nicht.

BRAUBACH. Ich weiß nicht, ob ich Sie richtig verstehe, aber ich habe nie mit der Presse über den Fall gesprochen, falls Sie das vermuten.

(Nele steht auf und holt einen ausgeschnittenen Zeitungsartikel aus der Schublade der Kommode.)

BRAUBACH. Ich kenne den Artikel.

NELE *(liest)*. »Enno S., siebzehn, ist schon des Öfteren durch kleine Straftaten aufgefallen, mit denen er seine Sucht finanziert, ein kleinkrimineller Junkie, wie es sie leider immer noch im Bahnhofsviertel gibt …« Oder hier: »Nachdem er brutal auf den Kontrolleur eingeschlagen hatte, flüchtete er aus der Station und rannte vor das Auto von Heiko Braubach, sechsundfünfzig, der nach dem Unfall geistesgegenwärtig dem Schwerverletzten Erste Hilfe leistete« … »Politiker rettet Junkie das Leben«, das ist die Schlagzeile, rot unterstrichen …

BRAUBACH. Sie müssen das nicht vorlesen.

NELE. Und hier, in diesem Kasten: »Blinde Mutterliebe«, mit einem Bild von mir, »… die Mutter scheint von dem Vorstrafenregister ihres Sohnes und seinem Drogenkonsum keine Ahnung zu haben. Er ist ein lieber Kerl, der nicht zu Gewalt fähig ist, sagt sie mit einer Naivität, die fassungslos macht …« *(Sie legt den Zeitungsausschnitt weg.)* Wieso steht das da?

BRAUBACH. Ich rede nicht mit der F. Z., prinzipiell nicht.

NELE. Und warum sind Sie dann der wunderbare Mensch, der Erste Hilfe leistet, und Enno der Schlägertyp? Als die mit mir gesprochen haben, waren die auf meiner Seite. Warum schreiben die so über meinen Jungen? Erklären Sie mir das.

BRAUBACH. Sind die hier vorbeigekommen?

NELE. Ja, und die waren sehr nett, eine junge Frau mit einem Fotografen. Die waren voller Verständnis. Und plötzlich schreiben die sowas.

BRAUBACH. Die haben überall ihre Ansprechpartner, bei der Polizei, den Gerichten … die wissen, wen sie fragen können. Und die bringen die Geschichte so, wie sie am besten funktioniert. Die hätten genauso gut auf mich losgehen können.

NELE. Die haben mich als dumme Mutter hingestellt, die ihren kriminellen Sohn deckt!

BRAUBACH. Okay, das konnten Sie nicht wissen, aber man redet prinzipiell nicht mit Journalisten, die unangemeldet vor der Tür stehen. Das ist ein Riesenfehler. Und freundlich sind die immer.

NELE. Diese Scheiß-Lügenpresse.

BRAUBACH. Das will ich damit nicht sagen. Wir reden über die F. Z. Aber Sie müssen mir glauben, dass ich nicht das geringste Interesse daran hatte – und habe –, dass dieser Vorfall in der Öffentlichkeit landet.

NELE. Sie kommen da super weg.

BRAUBACH. Weil ich Erste Hilfe geleistet habe, das ist nun mal eine Tatsache.

NELE. Und dass Enno ein krimineller Junkie ist, ist das auch eine Tatsache?

BRAUBACH. Ich kenne ihn nicht, ich erlaube mir kein Urteil, ich habe nur alles getan, um sein Leben zu retten. *(Nele nickt, sie wirkt abwesend.)* Das ist die Wahrheit. Das müssen Sie mir glauben.

NELE. Sie haben alles richtig gemacht und er alles falsch.

BRAUBACH. Er lebt, oder?

NELE. Ja, er lebt.

BRAUBACH. Vergessen Sie diesen Artikel.

NELE. Natürlich weiß ich, dass er in den letzten drei Jahren viel Mist gebaut hat. Ich weiß sicher nicht alles, aber was ich weiß, genügt mir. Ich habe ihn nicht mehr erreicht, er war wie unter Glas. Wenn er hier vorbeikam, hat er mir jedes Mal das Blaue vom Himmel versprochen, alles, was ich hören wollte, und nichts kam dabei heraus, nichts, er wollte immer nur Geld oder musste ein paar Tage untertauchen, weil er Stress hatte, oder er war zu fertig, dann hat er zwei Tage durchgeschlafen, hat mir den Kühlschrank leergefressen und war wieder weg. Hier kamen ständig die Vorladungen an, ich hab das alles irgendwann gar nicht mehr aufgemacht. Aber in den letzten Wochen dachte ich, jetzt packt er es, da war wohl irgendwas mit seinen Kumpels, irgendwas Schlimmes, konnte man so raushören, das hat ihm was ausgemacht, richtig kleinlaut war er. Ich dachte wirklich, dass er zur Vernunft kommt, ich dachte, da ist endlich Licht am Ende des Tunnels … Geklaut hat er immer, schwarzgefahren ist er auch, aber dass er sich kloppt, nein, das ist er nicht, diese ganze Geschichte, nein, da stimmt irgendwas nicht, der schlägt doch nicht auf Leute ein.

BRAUBACH. Es gibt Zeugen. Und das Überwachungsvideo vom Bahnsteig.

NELE. Dann hat der ihn provoziert. Was wollen Sie mir denn beweisen?

BRAUBACH. Nichts. Lassen wir das. Können Sie Ihren Neffen telefonisch erreichen?

NELE. Ich will nicht, dass er im Wagen ans Handy geht. Keine Ahnung, warum er heute so lange braucht.

BRAUBACH. Was macht er?

NELE. Er fährt Pakete aus. Das ist ein Knochenjob.

BRAUBACH. Ich weiß. Das habe ich früher auch mal gemacht. Als Sommerjob.

NELE. Er muss davon leben.

BRAUBACH. Ich musste davon die Abendschule finanzieren.

NELE. Sie?

(Braubachs Telefon klingelt, er wirft einen Blick darauf.)

Sie können ruhig rangehen.

BRAUBACH *(steht auf)*. Kann ich vielleicht irgendwo ungestört telefonieren?

NELE. Ich weiß jetzt nicht … ich kann ja kurz rausgehen, wenn Sie wollen.

(Braubach drückt das Gespräch weg und setzt sich wieder.)

BRAUBACH. Ich kann das später klären.

NELE. Wieso haben Sie Abendschule gemacht?

BRAUBACH. Weil ich studieren wollte. Ingenieurswissenschaften. Ich bin gelernter Metallfacharbeiter.

NELE. Ich dachte, alle Politiker haben Abitur. Aber das

stimmt gar nicht, oder? Obwohl die meisten doch sicher …

BRAUBACH. Ja, ich habe auch meinen Abschluss gemacht. Nur eben später. Studiert habe ich danach nicht, weil ich dann endgültig in die Politik bin. Aber das ist eine lange Geschichte.

NELE. Ich wollte Sie nicht ausfragen. Das geht mich nichts an.

BRAUBACH. Das steht überall, auch bei Wikipedia. Und es bedeutet, dass Sie mich nicht gegoogelt haben, das hat man nicht mehr oft.

NELE. Ich habe Sie mal in einer Talkshow gesehen.

BRAUBACH. In welcher?

NELE. Weiß ich nicht mehr.

BRAUBACH. Worum ging es?

NELE. Vergessen. Ich bin abends immer so kaputt.

BRAUBACH. Da geht man auch nur hin, damit die Leute mal dein Gesicht gesehen haben.

NELE. Hat funktioniert.

BRAUBACH. Offensichtlich.

NELE. Jerome kennt sich mit solchen Sachen besser aus. Er hat ziemlich was auf dem Kasten, der wusste auch sofort, dass Sie der Bürgermeisterkandidat sind. Er weiß solche Sachen, sowas interessiert ihn.

BRAUBACH. Dass ich der Kandidat bin?

NELE. Nein, nur so als Beispiel … dass er sich auskennt, dass ihn das wirklich beschäftigt, er kann richtig in Fahrt kommen, wenn ihn etwas aufregt, er kann sich so reinsteigern in die ganze Weltpolitik und das alles. Gut, das ist auch das Alter, da geht einem alles nah.

BRAUBACH. Wie alt ist er denn?

NELE. Neunundzwanzig. Er ist Paketbote, aber nicht bei der Post, sondern bei einem Subunternehmer für die Post. Dafür ist der eigentlich zu schlau.

BRAUBACH. Was hat er denn gelernt?

NELE. Ausbildung hat er nicht, hat nichts zu Ende gekriegt, ist mit sechzehn ohne Abschluss von der Schule, weil er sich dauernd mit seinem Vater gestritten hat und zuhause rauswollte. Dabei hätte er das locker geschafft, ist ein Jammer.

BRAUBACH. Hat er nichts gefunden?

NELE. Hat alles hingeschmissen. Ich hab mir immer den Mund fusselig geredet. Wäre ja auch für Enno schön gewesen, wenn er irgendwo gesehen hätte, was geht und was man aus sich machen kann, Enno hat Jerry immer angehimmelt. Aber gut, jetzt hat er den Job, hätte schlimmer laufen können, man muss dankbar sein heutzutage.

BRAUBACH. Heute brauchen die Jungen länger, bis sie auf der Spur sind.

NELE. Er hätte was Besseres verdient.

BRAUBACH. Dafür ist es nie zu spät.

NELE. Ihr Wort in Gottes Ohr.

BRAUBACH. Vorschlag: Ich sage Ihnen jetzt, was ich organisieren will.

NELE. Verstehen Sie mich nicht falsch, er ist ein lieber Kerl. Ich wollte Sie nicht volljammern.

BRAUBACH. Das haben Sie nicht. Ich will Ihnen nur klarmachen, dass es weitergehen wird. Also, wir müssen natürlich abwarten, wie der Trümmerbruch verheilt, aber was das Bein betrifft, werde ich dafür sorgen, dass er eine erstklassige Prothese bekommt. Es ist noch nicht gesagt, dass er im Rollstuhl landet, das ist noch lange nicht entschieden. So oder so, wenn die Reha vorbei ist, sollte er eine Lehrstelle annehmen. Ich könnte einen Termin mit einem wirklich guten Berufsberater vereinbaren, ich habe da schon einen im Auge, der sich viel Zeit nimmt und mit Enno ein Profil entwickeln kann, damit wir etwas finden, das zu ihm passt und wo er bleiben wird. Er muss auf jeden Fall in ein stabiles Umfeld, um zu verhindern, dass er in alte Muster zurückfällt. Und wenn er noch zusätzliche Therapien braucht, soll er sie kriegen.

NELE. Das würden Sie organisieren?

BRAUBACH. Das sind meine Vorschläge, deswegen bin ich hier.

(Stille.)

Was sagen Sie dazu?

NELE. Sie haben sich ja richtig was überlegt.

BRAUBACH. Was dachten Sie denn?

NELE. Und das bezahlen Sie alles?

BRAUBACH. Es geht erst einmal darum, alle bestehenden Angebote zu nutzen. Aber alle Zusatzkosten übernehme ich. Das Wichtigste ist, dass er einen Lotsen hat, der mit ihm – und Ihnen – die Anträge stellt, Hilfen beantragt und überprüft, ob alles so läuft, wie es geplant ist. Das soll nicht heißen, dass ich Ihnen das nicht zutraue. Nennen wir es mal das Vieraugenprinzip. Oder zwei Leitplanken, auf jeder Seite seines Weges eine.

NELE. Und das würden Sie machen?

BRAUBACH. Mein Büro, aber ich werde selbstverständlich über alle Abläufe informiert. Sie können das alles mit meiner Assistentin klären, ich lasse Ihnen die Nummer da. Auch wenn Sie Fragen wegen der Versicherung oder was auch immer haben. Diese Frau weiß praktisch alles oder findet es in maximal fünf Minuten heraus, das ist fast schon beängstigend.

NELE. Und muss ich irgendwas machen?

BRAUBACH. Sie sollten entscheiden, ob er in der ersten Zeit bei Ihnen wohnen soll oder in einer betreuten WG, die behindertengerecht ist. Ich würde Ihnen dazu raten, wenn ich mir die Verhältnisse hier so ansehe, aber Sie entscheiden.

(Stille.)

NELE. Warum machen Sie das?

BRAUBACH. Das ist eine überflüssige Frage.

NELE. Und wo ist der Haken?

BRAUBACH. Kein Haken. Ich versuche nur, meinen persönlichen moralischen Ansprüchen gerecht zu werden. Ich schlafe im Übrigen auch nicht besonders gut seit dem Vorfall. Und eines noch: Mir wäre daran gelegen, dass wir das vertraulich behandeln. Ich will das nicht an die große Glocke hängen.

NELE. Mit wem sollte ich denn reden? *(Neles Handy klingelt. Sie nimmt das Gespräch an.)* Ja? Wo bist du denn? Okay. *(Sie legt auf.)* Er ist gleich da.

BRAUBACH. Also von meiner Seite ist eigentlich alles gesagt.

NELE. Könnten Sie mir einen Riesengefallen tun und Jerry das alles gleich nochmal erzählen? Wenn ich ihm das sage, glaubt er mir nicht. Oder meckert, dass ich Sie nicht aufgehalten habe. Es ist ihm sehr wichtig, Sie noch zu treffen. Geht das?

BRAUBACH. Natürlich.

NELE *(atmet aus, zittert, wirkt plötzlich sehr fragil).* Glauben Sie, das klappt? Also so, wie Sie das gerade beschrieben haben?

BRAUBACH. Das wird schon alles.

NELE. Wenn mein Neffe gleich kommt … er wirkt manchmal etwas … es hat ihn alles sehr mitgenommen, Sie dürfen ihm nicht übelnehmen, wenn er ruppig wirkt. Er schießt manchmal übers Ziel hinaus, das dürfen Sie nicht so ernst nehmen, ja?

BRAUBACH. Wir werden schon miteinander klarkommen. Ich skizziere ihm kurz, was wir besprochen haben, und dann muss ich auch los. Also wenn er nicht ein besonderes Anliegen hat …

NELE. Es war ihm sehr wichtig, mehr weiß ich nicht. Wenn ich gewusst hätte, dass man mit Ihnen reden kann, also, ich meine … dann hätte ich ihn da rausgelassen, aber er kann dann auch so … da ist er ja schon.

2. Szene

Man hört einen Schlüssel in der Tür, Nele steht auf, Jerome kommt herein, er trägt die Uniform eines Paketzustellers und hat einen Pizzakarton in der Hand, er umarmt kurz Nele, geht dann zu Braubach und streckt ihm seine Hand entgegen.

JEROME. Ich bin Jerome.

BRAUBACH *(schüttelt seine Hand, ohne aufzustehen)*. Braubach.

(Jerome setzt sich neben Braubach auf das Sofa, öffnet den Pizzakarton, darin eine halb gegessene Pizza.)

NELE. Wieso hast du dir denn noch eine Pizza geholt? Wir haben auf dich gewartet.

JEROME. Ich habe den ganzen Tag nichts gegessen.

NELE. Ich hätte dir ein Brot machen können. Du wolltest schon viel früher da sein, Herr Braubach ist extra geblieben, damit du ihn noch kennenlernen kannst.

JEROME. Ich muss was im Magen haben, okay? Ich hatte keine Pause, zwei Leute sind krank, was soll ich machen? *(Er beißt in ein Stück Pizza.)* Ich war heute zehn Stunden am Steuer und das kommt oft vor. Was sagen Sie dazu, Herr Braubach?

BRAUBACH. Ich kenne Zehnstundenschichten, ich weiß, wie kaputt man da ist.

JEROME. Hörst du, Nele? Er kennt das von seinem Job auch.

BRAUBACH. Natürlich. Manchmal ist das einfach so.

JEROME. Bei mir auch. Es ist harte, ehrliche Arbeit, mir schenkt keiner was. Aber essen muss man, oder?

NELE. Ich mache sie dir nochmal warm, wenn Herr Braubach gegangen ist, ja?

JEROME. Herr Braubach hat bestimmt schon mal erlebt, dass jemand in seiner Gegenwart eine Pizza isst, oder?

NELE. Jerome, das ist unhöflich.

JEROME. Stört es Sie, wenn ich esse? Oder wollen Sie auch was?

BRAUBACH. Nein danke.

JEROME. Hast du ihm was angeboten?

BRAUBACH. Ich sagte, es ist kein Problem.

JEROME. Nein, es ist unhöflich, meine Tante hat Recht. *(Er klappt den Pizzakartondeckel zu, sieht Braubach lächelnd an.)* Toll, dass Sie gekommen sind. Hätte ich nicht gedacht, wirklich.

BRAUBACH. Schon gut.

JEROME. Sagen Sie, bevor wir reden … Sie finden das wahrscheinlich albern, aber darf ich ein Selfie mit Ihnen machen? Ich treffe nicht so oft Kandidaten fürs Oberbürgermeisteramt. Oder lehnen Sie sowas ab? *(Er holt sein Handy heraus.)*

BRAUBACH. Eigentlich lehne ich es ab, aber …

(Jerome hat ein Selfie gemacht, packt sein Handy wieder ein.)

NELE. Er hat nicht Ja gesagt, Jerome.

JEROME. Scheiße, dann lösche ich es, soll ich?

BRAUBACH. Schon gut.

JEROME. Danke. Okay, fangen wir an?

BRAUBACH. Wie meinst du das?

JEROME. Wir haben doch was zu besprechen, oder?

NELE. Wir haben schon alles besprochen.

JEROME. Wie? Ihr solltet doch auf mich warten.

BRAUBACH. Ihre Tante ist mein Ansprechpartner, Sie waren nicht da.

JEROME. Ich fürchte, da haben Sie sich geirrt.

BRAUBACH. Ach ja? Und warum?

JEROME. Weil ich die Verhandlungen führe.

NELE. Wie redest du denn mit Herrn Braubach?

JEROME. Wie bist du denn drauf? Gestern hast du noch ganz anders geklungen.

NELE. Ja, aber jetzt …

JEROME. Was haben Sie ihr denn erzählt?

BRAUBACH. Ich glaube nicht, dass wir so weiterkommen, Jerome.

JEROME. Wir haben noch nicht mal angefangen.

BRAUBACH. Um mal eins klarzustellen: Wir beide werden hier nichts ›verhandeln‹. Ich habe gerade meine Hilfe angeboten. Das ist ein Entgegenkommen.

JEROME. Und dafür haben Sie jetzt fast drei Wochen gebraucht.

BRAUBACH. Ich habe das alles schon mit Ihrer Tante besprochen, und ich habe den Eindruck, dass wir uns einig sind. Ich kann dir das kurz skizzieren, und um mehr geht es hier eigentlich nicht.

NELE. Herr Braubach hat Vorschläge gemacht, und sein Büro wird sich um alles kümmern. Und mit dem Artikel hat er nichts zu tun …

JEROME. Von dem redet keiner mehr.

BRAUBACH. Sehe ich genauso.

JEROME. Trotzdem schräg, dass Sie die Frau des Chefredakteurs kennen. Sie sitzen zusammen in irgendeinem Förderverein, Museum oder sowas. Hab ich Recht?

BRAUBACH. Sieh mal an, man hat mich gegoogelt.

JEROME. Und den Polizeipräsidenten kennen Sie auch.

BRAUBACH. Das gehört zu meinem Job als Ministerialdirigent.

JEROME. Vielleicht war der Artikel in der F. Z. deshalb so, wie er war.

BRAUBACH. Bitte keine Verschwörungstheorien, sowas langweilt mich zutiefst. Im Übrigen kann ich dir mindestens fünf Artikel in der F. Z. zeigen, in denen ich nach allen Regeln der Kunst geschlachtet werde. Berufsrisiko, man lernt, damit zu leben. Bisschen Sturm muss man abkönnen.

JEROME. Klar. Und wer liest das schon.

BRAUBACH. Eben. Und die Presse wird nicht von der Politik gesteuert, falls du das vermutest. Tut mir leid, wenn du deine Zeit mit solchen Recherchen verschwendet hast.

JEROME. Waren wir per du?

BRAUBACH. Sie haben sich nur mit Vornamen vorgestellt. *(Zu Nele.)* Wenn Ihr Neffe meine Vorschläge nicht hören will, müssen Sie ihm das später erzählen.

NELE. Jerome, hör dir endlich an, was er uns vorschlägt.

JEROME. Interessiert mich nicht.

NELE. Sag mal, was ist denn in dich gefahren!

BRAUBACH *(steht auf, legt eine Visitenkarte auf den Tisch)*. Tut mir leid, Frau Siebold, ich sehe hier keine Gesprächsgrundlage. Mein Büro wird sich mit Ihnen in Verbindung setzen. Ich stehe zu meinen Vorschlägen.

JEROME. Ich glaube nicht, dass Sie es sich leisten können zu gehen.

BRAUBACH. Du nimmst das Maul ganz schön voll, Junge.

JEROME. Ich habe hier zum Beispiel ein Foto: Ministerialdirigent Braubach besucht Angehörige des Unfallopfers und versucht, sich mit Geld rauszukaufen. Das können Sie nicht verhindern. Es sei denn, Sie reißen mir mein Handy aus der Hand, was Sie nicht tun werden. Ich kann auch vom Fenster aus ein Foto machen, wie Sie in Ihren Dienstwagen steigen. Den ich auch schon fotografiert habe.

BRAUBACH *(zu Nele)*. Meinten sie das vorhin mit ›ruppig‹?

NELE. Jerome, was soll denn das?!

JEROME. Reden wir, Herr Braubach.

(Braubach setzt sich wieder.)

JEROME *(zu Nele)*. Du siehst, er bleibt.

BRAUBACH. Reine Neugier, was da noch alles kommt.

JEROME. Aber es wäre Ihnen nicht recht, wenn das hier öffentlich wird.

BRAUBACH. Und wenn schon.

NELE. Haben Sie vorhin nicht gesagt, dass ich das für mich behalten soll?

BRAUBACH. Nur zu Ihrem Schutz. Weil ich nicht will, dass das von irgendjemandem ausgeschlachtet wird, das habe ich Ihnen erklärt.

JEROME. Von wem?

BRAUBACH. Von der Presse.

JEROME. Aber da haben Sie doch beste Beziehungen.

BRAUBACH. Du kannst langsam aufhören, schlechte Fernsehkrimis nachzuspielen. Entweder sagst du, warum du hier so eine Welle machst oder wir beenden das sofort. Bis du hier aufgetaucht bist, war unser Gespräch nämlich zielführend.

NELE. Jerome, ich bitte dich …

JEROME. Klartext. Ich verlange eine einmalige Schmerzensgeldzahlung an die Familie in Höhe von hunderttausend Euro und eine monatliche Rente für Enno in Höhe von dreitausend Euro.
(Braubach beginnt zu lachen.)
Das sind keine übertriebenen Forderungen. Was meinen Sie, was ich bei den Amis verlangen könnte. Da bekommen Leute Millionen, weil sie sich an einem heißen Kaffee die Zunge verbrannt haben.

BRAUBACH. Dann solltest du mich vielleicht in den USA verklagen.

JEROME. Ich rate Ihnen, mein Angebot ernst zu nehmen, Herr Braubach.

BRAUBACH. Das fällt mir sehr, sehr schwer.

NELE *(steht auf)*. Jerry, ich muss mit dir reden. Sofort.

JEROME. Nele, lass mich einfach machen, okay?

NELE. Kommst du bitte kurz?

JEROME. Jetzt nicht! Kapiert? Ich muss mich konzentrieren.
(Nele setzt sich wieder.)

BRAUBACH. Kannst du mir vielleicht erklären, auf welcher Grundlage du diese Forderung stellst? Die polizeiliche Untersuchung ist abgeschlossen, die Schuldfrage ist geklärt. Also?

JEROME. Haben Sie kein Internet? Da kann man nämlich seit letzter Woche ein paar interessante Sachen über Sie lesen. Es gibt Zeugen, die ausgesagt haben, dass Sie zu schnell gefahren sind. Nur komisch, dass das im Abschlussbericht dann nicht mehr auftaucht. Ganz nüchtern waren sie auch nicht, Herr Braubach.

BRAUBACH. Ach ja? Das haben diese neuen Zeugen gerochen? Da muss ich ja eine ganz schöne Fahne gehabt haben.

JEROME. Das hat ein Polizist geleakt.

BRAUBACH. Oh, es wurde ›geleakt‹.

JEROME. Es ist auch sicher kein Zufall, dass Sie erst jetzt, knapp drei Wochen nach dem Unfall, hier auftauchen, jetzt, wo solche Sachen im Netz kursieren. Sie wollen das aus der Welt schaffen, bevor der Wahlkampf richtig los geht. Als Spitzenkandidat kann Sie diese Sache den Sieg und Ihre Karriere kosten.

BRAUBACH. Und wenn ich nicht zahle?

JEROME. Dann kochen wir das Ding richtig hoch.

BRAUBACH. Also du willst mich hier erpressen? Verstehe ich das richtig?

NELE. Das hat er ganz sicher nicht gemeint.

BRAUBACH. Und dass ich hier bin, um meine Hilfe anzubieten, ist für dich ein Beweis, dass du Recht hast.

JEROME. Ist ein auffälliges Timing, oder?

BRAUBACH. Wenn mein Hilfsangebot als Schuldeingeständnis ausgelegt wird, ziehe ich meine Zusagen natürlich sofort zurück. Und jetzt muss ich leider kurz telefonieren. *(Er geht in den Flur, die Haustür fällt zu.)*

NELE. Sag mal, bist du völlig verrückt geworden? Du hörst sofort auf mit diesem Scheiß, sofort, hast du verstanden?

JEROME. Vertraue mir, ich kriege das hin.

NELE. Du sollst hier überhaupt nichts hinkriegen, du sollst dich benehmen, ist das klar? Du willst ihn erpressen? Weißt du, wie ich jetzt dastehe? Warum hast du mir kein Wort davon gesagt, was du vorhast, ich hätte niemals …

JEROME. Du musst mir vertrauen, ich habe Informationen …

NELE. Was ist denn plötzlich los mit dir? Du führst dich auf wie irgend so ein Krimineller, ich schäme mich für dich, wirklich. So habe ich dich nicht erzogen.

JEROME. Du hast mich überhaupt nicht erzogen! Du bist nicht für mich zuständig.

NELE. Und du nicht für mich! Du redest hier nicht für mich, ist das klar? Was soll er denn denken? Er hat gerade einen sehr guten Hilfeplan entwickelt.

JEROME. Okay, und was?

NELE *(steht auf und geht zum Fenster)*. Gottseidank, der Wagen ist noch da.

JEROME. Der geht nicht. Wenn er das wollte, wäre er sofort gegangen.

NELE. Du darfst das nicht aufs Spiel setzen. Hörst du?

JEROME. Der hat Enno überfahren, und dafür soll er büßen. Da gibt es einige interessante Infos im Netz.

NELE. Aber wenn das nicht stimmt, was da steht? Da kann doch jeder schreiben, was ihm gerade einfällt. Das zählt doch nicht. Und die Polizei hat schließlich alles geprüft.

JEROME. Lass dich nicht von dem einwickeln. Bloß weil der hier auftaucht und irgendwelche Pläne hat, bist du plötzlich zufrieden? Was hat er denn schon vorgeschlagen?

NELE. Wenn du es dir angehört hättest, wüsstest du, dass es gute Vorschläge sind.

JEROME. Der lässt alles so aussehen, dass es gut klingt, das ist sein Job. Ich habe dich gewarnt, der will dich einwickeln, deshalb ist er hier, das ist eine eiskalte Nummer von ihm.

NELE. Ich kann sehr wohl unterscheiden, ob jemand …

JEROME. Das ist ein Vollprofi, kapier das doch, klar gibt der hier den Einfühlsamen.

NELE. Er will dafür sorgen, dass Enno eine Lehre macht, will sich um Therapien kümmern, um einen WG-Platz …

JEROME *(lacht)*. Und das reicht dir? Wegen sowas frisst du ihm aus der Hand? Das hätte ich dir auch googeln können. Das bietet jede Krankenkasse in so einem Fall an.

NELE. Aber das ist was Konkretes, verstehst du? Das sind Angebote. Und genau das brauche ich jetzt!

JEROME. Du mit deiner Scheiß-Angst. Das war schon immer so. Immer nur kuschen. Du verstehst einfach nicht, was hier läuft. Hat er dir Geld angeboten?

NELE. Nein, aber wenn es was kostet, hilft er aus, das hat er versprochen.

JEROME. Daran siehst du doch, dass er schuld ist. Der will sich rauskaufen.

NELE. Hör doch mal auf! Das hier geht dich nichts an.

JEROME. Ich mache das für dich. Und Enno. Und ich habe einen Plan, du musst mir vertrauen.

NELE. Und warum?

JEROME. Weil ich will, dass er sich nach der Wahl noch daran erinnert, was er hier versprochen hat. Wir müssen das absichern. Dieser ganze Horror, das muss doch mal vorbei sein, so kann das nicht immer weitergehen. Ich verhandle mit ihm, und da muss man steil einsteigen, damit was bei rauskommt. Du kannst das nicht, du bist zu nah dran. Ich weiß, wie er tickt.

NELE. Woher willst du das wissen?

JEROME. Weiß ich eben. Und er ist geblieben, oder? Ist doch auffällig, oder? Und wenn du mir mit ihm eine halbe Stunde gibst, dann sind wir Buddies, wenn du wiederkommst, versprochen.

NELE. Du willst mich wegschicken? Aus meiner eigenen Wohnung?

JEROME. Ich will's nicht versauen. Ich brauch totale Konzentration.

(Es klingelt, Nele geht und öffnet die Tür.)

BRAUBACH. Entschuldigung, die Tür ist mir zugefallen.

NELE. Sie haben aber gerade nicht mit … ich meine, weil Sie was von Erpressung gesagt haben … das haben Sie falsch verstanden.

JEROME. Nele, es ist okay. Niemand redet von Erpressung, das sind ganz normale Verhandlungen, klar?

BRAUBACH. Ich habe nur meinen Folgetermin verschoben.

JEROME. Lässt du uns bitte allein?

NELE. Er möchte gern alleine mit Ihnen sprechen.

BRAUBACH. Von mir aus.

NELE. Ich glaube, ich muss mal eine Runde um den Block, um in Ruhe über alles nachzudenken.

BRAUBACH. Ich kann Ihnen leider nicht versprechen, dass ich noch hier bin, wenn Sie wiederkommen.

NELE. Ich bin nicht lange weg, versprochen. *(Sie zieht ihre Jacke an und geht.)*

3. Szene

Braubach setzt sich auf das Sofa und betrachtet Jerome, der seinem Blick standhält.

BRAUBACH. Schalt dein Handy an.
(Jerome tut es.)
Gib es mir.

JEROME *(behält sein Handy in der Hand, zeigt ihm das Display)*. Was soll das?

BRAUBACH *(wirft einen Blick darauf)*. Ich will nur sichergehen, dass du nichts mitschneidest.

JEROME. Bisschen paranoid, oder?

BRAUBACH. Reine Vorsicht. Und jetzt setz dich da rüber, dann können wir reden.

JEROME *(lacht)*. Was soll das?

BRAUBACH. Ist mir lieber.

JEROME *(setzt sich auf den Stuhl)*. Und? Fühlen Sie sich besser? Ich hätte Sie schon nicht belästigt, keine Sorge.

BRAUBACH. Spiel dich nicht so auf. Du musst hier niemanden beeindrucken.
(Braubach sieht Jerome an, der seinem Blick standhält.)

JEROME. Warum starren Sie mich an? Soll mich das einschüchtern?

BRAUBACH. Ich habe mich schon immer gefragt, wer solche Sachen schreibt. Was das für Typen sind, die einen im Netz beleidigen. Nein, beleidigen ist zu schwach. Leute, die wollen, dass man Volksverräter wie mich an die nächste Laterne hängt … oder Eier abschneiden, in den Mund stopfen … dem korrupten Schwein, das unser Land verraten hat, alles Originalzitate, das Dreckspack von Politikern. Wer kotzt sich da im Netz aus? Wer hat diese Wut mit Schaum vorm Maul? KZ-Fantasien, Lynchjustiz … das will man schon gern mal wissen … und es ist fast schon deprimierend, dass du exakt dem Bild entsprichst, das man sich von diesen Trollen macht, wenn man sich mal überwindet, diese vergiftete Hetze zu lesen. Genau so stellt man sich die Typen vor, so wie du, unverschämt, ohne Kinderstube, paranoid und meistens rechtsradikal mit Hang zu Verschwörungstheorien. Jetzt sitzt so einer vor mir. Das ist interessant. Und? Wie ist es für dich, mal einem deiner Hassobjekte leibhaftig gegenüberzusitzen? Auch interessant?

JEROME. Wie kommen Sie darauf, dass ich sowas schreibe? Ich habe es nur gelesen.

BRAUBACH. Und du glaubst es natürlich.

JEROME. Ja klar. Weil es stimmt.

BRAUBACH. Dann bist du also nur ein Trittbrettfahrer, der seine Chance wittert, Kohle zu machen. Das ist genauso schlimm.

JEROME. Wenn es Ihnen am Arsch vorbeiginge, wären Sie nicht geblieben.

BRAUBACH. Ich bleibe, weil ich neugierig bin, wie weit du das treiben willst. Und wegen deiner Tante, die mir wirklich leidtut. Ist dir bewusst, was du ihr damit antust?

JEROME. Ich mache das alles für sie. Und meinen Cousin.

BRAUBACH. Der ist dir scheißegal. Du kannst mir nichts vormachen. Du willst schnelles Geld und hast nichts auf der Hand. Nichts. Oder kommt da noch was? Außer dem Gekeife aus dem Netz? Mich juckt das nicht. Hassmails bekomme ich jeden Tag. Bösartige Unterstellungen bin ich gewohnt. Du hast dich mit dem Falschen angelegt.

JEROME. Getroffene Hunde bellen.

BRAUBACH. Das war eine Warnung in Freundschaft. Reden wir. Das ist nicht selbstverständlich. Sei froh, dass ich mit dir reden will. Und alles, was wir besprechen, bleibt in diesem Raum, ist das klar?

JEROME. Okay, reden wir. Sie sind dran. Ich bleibe bei meiner Forderung.

BRAUBACH. Dann müsstest du deine Anschuldigungen beweisen können. Vor Gericht. Oder wie hast du dir das gedacht? Du drohst mir, und dann schreibe ich einen Scheck, weil ich solche Angst vor dir habe?

JEROME. Ich brauche kein Gericht, das sind sowieso eure Leute. Genau wie die Systempresse, da bekommen Sie sowieso immer Recht.

BRAUBACH. Und wie soll das sonst gehen? Hast du sowas wie einen Plan? Langsam bin ich wirklich neugierig.

JEROME. Sie sind hier, nach knapp drei Wochen, Sie wollen plötzlich helfen, Sie bieten meiner Tante sogar Geld, Sie sind geblieben, als Sie meine Forderungen gehört haben, Sie fragen nach meinem Plan, und Sie haben viel zu verlieren. Kommt alles nicht so entspannt rüber, wie Sie behaupten.

BRAUBACH. Kannst du dir vorstellen, dass ich hier bin, weil es mir nahegeht, was passiert ist? Weil ich will, dass es deinem Cousin wieder besser geht? Und dass ich dich davor bewahren will, eine Riesendummheit zu begehen?

JEROME. Wir gehen Ihnen doch am Arsch vorbei. Sie machen nur, was Ihrer Karriere hilft. Nele können Sie irgendeinen Schrott erzählen, aber mir nicht. Sie wollen helfen. Nein, Sie müssen helfen, so sieht es aus. Deshalb drohen Sie mir. Das nützt Ihnen aber nichts. Kein Mensch glaubt Ihnen, dass Sie aus reiner Menschenliebe hergekommen sind. Kein Mensch glaubt Ihnen, dass Sie vollkommen unschuldig sind, weil kein Mensch mehr der Presse glaubt oder der Polizei, und wenn jetzt tausendmal im Netz steht, dass dieser Unfall anders gelaufen ist, als die Polizei erzählt, wird Sie keiner wählen, weil Sie ein Scheiß-Politiker sind und Ihr Opfer ein Minderjähriger. Weil alle eine Scheißwut auf euch haben. Weil ihr dieses Land verkauft und nicht für eure Leute sorgt …

BRAUBACH. Spar dir den Rest, ich kenne diese Leier. Also, ich fasse mal kurz zusammen, okay? Du drohst mir mit einem Shitstorm, falls ich nicht zahle. Das ist moralisch etwa auf dem Niveau von Supermarkterpressern, die Babynahrung vergiften, aber egal. Du denkst, du bist die Stimme des Volkes. Gut. So eine Kampagne schaffst du nicht alleine und anonym schon gar nicht. Wenn du einen auf Angehöriger des Opfers machst, kann ich dich wegen Verleumdung anzeigen. Das heißt: keine Kohle. Wenn du vor Gericht gehst, musst du beweisen, dass Zeugenaussagen unterschlagen wurden, du musst den Polizisten mit dem Leak auftreiben und auch alle Trolle, die dir deine schönen Fake News geliefert haben. Die Trolle wirst du nicht finden, und der Polizist, den es nicht gibt, würde, wenn es ihn gäbe, nicht gegen seine gesamte Wache aussagen, weil er wahrscheinlich genauso ein feiger Verschwörungstheoretiker wäre wie du. Das heißt: keine Kohle.

JEROME. Kann ja sein. Trotzdem.

BRAUBACH. Was? Trotzdem?

JEROME. Trotzdem wollen Sie sicher nicht, dass beim Googeln nach dem Stichwort Braubach als zweiter Begriff ›Unfall‹ angeboten wird. Und wenn man das anklickt, kämen dann Berichte über einen Politiker, der mit seinem fetten Geländewagen, Handy am Ohr, besoffen durch die Stadt rast und einen jungen Mann überfährt. Es gibt einen Haufen Leute, die was gegen Geländewagen haben. Oder telefonierende Autofahrer. Oder Raser. Oder Politiker.

BRAUBACH. Solche Anschuldigungen geben sich mit der Zeit.

JEROME. Ja, aber die Zeit haben Sie gerade nicht, und deshalb sind Sie hier.

BRAUBACH. Kommt in deiner kleinen bösen Welt das Wörtchen Moral vor? Schon mal gehört? Kannst du dir nicht vorstellen, dass man etwas tut, weil man moralische Verantwortung für etwas übernimmt, an dem man keine Schuld trägt?

JEROME. Ich glaube, dass Sie wollen, dass bei Braubach ›Wohltäter‹ oder sowas als zweiter Begriff angeboten wird. Macht sich besser, wenn man als Politiker richtig durchstarten will.

BRAUBACH. Ich habe deiner Tante gesagt, dass ich das nicht an die Öffentlichkeit bringen will.

JEROME. Habe ich gehört. Glaube ich aber nicht. Sie wollen nur die Kontrolle über die Geschichte. Alles Fake.

BRAUBACH. Du solltest nicht ständig von deinem Charakter auf andere schließen.

JEROME. Ich habe das nicht losgetreten, sage ich doch. Ich

hab es nur gelesen, und was da steht, erscheint mir leider einleuchtend.

BRAUBACH. Weil die Welt schlecht ist und alle Politiker Schweine.

JEROME. Ich will nur Gerechtigkeit. Und das, was mir zusteht. Mir, Nele und Enno. Und das ist mehr als eine poplige Lehrstelle in einer Behindertenwerkstatt.

BRAUBACH. Wer ist übrigens ›wir‹?

JEROME. Wir?

BRAUBACH. Du hast vorhin ›wir‹ gesagt. ›Dann kochen wir das Ding richtig hoch‹. Ein Krankenschwesternplural war das ja wohl nicht.

JEROME. Ich weiß nicht, was Sie meinen.

BRAUBACH. Arbeitest du für irgendjemanden?

JEROME. Tue ich nicht, hab ich doch gesagt.

BRAUBACH. Vielleicht weißt du das gar nicht.

JEROME. Sie sind wirklich paranoid.

BRAUBACH. Nehmen wir mal an, du hast deine Wut in irgendwelchen Foren abgelassen und irgendjemand hat Kontakt zu dir aufgenommen, dir Infos zugespielt, und zwar genau das, was du brauchst für das wohlige Gefühl, dass die kleinen Leute, oder ›das Volk‹, wie man heute sagt, mal wieder verarscht wurde. Und on top noch die Möglichkeit, dass du damit Kohle machen kannst. Aber wer steckt dahinter? Interessiert dich nicht. Jemand, der diesem Politikerschwein schaden will, und zwar genau jetzt. Knapp zwei Wochen nach dem Unfall und kurz vor Beginn des Wahlkampfes. Das spricht gegen die Nazitrolle und Idioten, denen ist der Zeitpunkt egal, die funktionieren über Beißreflexe. Das gegen mich sieht nach einem getimten Ding aus. Wer will mich genau jetzt fertigmachen? Meine Parteifreunde, weil ich Rivalen habe, die es nicht so gern sehen, dass ich als Spitzenkandidat fürs Bürgermeisteramt ins Rennen gehe? Dafür ist die Kampagne zu massiv. Aber vom politischen Gegner kann sowas kommen. Ich weiß, dass die Leute engagiert haben, die nicht mit Samthandschuhen zur Arbeit gehen. Denen traue ich das zu, denn das sind die Einzigen, die einen Nutzen davon hätten. Normalerweise sagt mein Anwalt immer: Wegducken, nicht reagieren, das gibt sich. Aber diese Sache ist eine Nummer größer, und deshalb gehen wir diesmal dagegen vor, mit Unterstützung vom Verfassungsschutz, abgesichert vom Justizministerium, und irgendwann stehen die Drahtzieher alle vor Gericht. Wegen Rufmord, Verleumdung, Aufruf zu einer Straftat. Und wenn die Polizei das Schleppnetz hochzieht, kommst du als Beifang mit in die Pfanne. Das heißt nicht nur: keine Kohle. Das heißt: ein Gerichtsverfahren bei den Richtern, die wir Politiker alle gekauft haben.

JEROME. Sie werden mich nicht vor Gericht bringen.

BRAUBACH. Wenn du dir da so sicher bist? Meine Geduld ist irgendwann auch erschöpft. Irgendwann will man einfach nur zurückschlagen, oder? Geht dir schließlich nicht anders. *(Braubachs Handy signalisiert eine SMS, er öffnet sie.)* Entschuldige, das muss ich lesen, das betrifft dich.

JEROME. Kein Problem.

BRAUBACH *(mit Blick aufs Handy)*. Ich habe dich von meinem Büro checken lassen. Zumindest bist du bisher noch nicht unangenehm aufgefallen, hätte mich auch gewundert. Du bist ein harmloser Typ, das merkt man sofort.

JEROME. Sind Sie fertig?

BRAUBACH. Kommt darauf an, ob alles, was ich gesagt habe, bei dir angekommen ist.

JEROME. Und wenn alles angekommen ist, darf ich dann in die Hofpause?

BRAUBACH. Ich hoffe, es ist dir klar, dass ich das alles verdammt ernst meine. Und dass alles, was ich gesagt habe, zu deinem Besten ist. Koch dir nicht mit dem Giftmüll aus dem Netz die Birne weich, verstanden? Ich vergesse das hier, und du wirst deine Tante von mir grüßen. Sag ihr, wir machen es so, wie wir das besprochen haben. Und jetzt gehe ich, okay? *(Er steht auf.)*

JEROME. Okay. Nur eine Frage noch. Waren Sie mal Sozialarbeiter?

BRAUBACH. Metallschlosser. Und auch mal Paketbote.

JEROME. Ich weiß, steht alles im Netz. Und Sie sagen es ständig. Sie kommen aus der »Arbeiterklasse«. Trotzdem klingen Sie wie ein Sozialarbeiter. Oder wie einer von der Gewerkschaft.

BRAUBACH. Das scheinen Schimpfwörter für dich zu sein. Gewerkschafter war ich übrigens wirklich mal.

JEROME. Weiß ich. Sie sind so eine Art proletarische Allzweckwaffe für Ihre Partei – wenn's ganz laut Bumm! machen soll.

BRAUBACH. Ich kenne die Arbeitswelt, mehr habe ich nie behauptet.

JEROME. Wann hast du denn Pakete ausgefahren, Kumpel? Ich duze mal, so als Kollege, okay?

BRAUBACH. Mitte Achtziger.

JEROME. Lange her. Da gab es noch keine beschissenen Onlinebestellungen.

BRAUBACH. Da gab es noch nicht mal Internet.

JEROME. Wahnsinn. Ich habe mal Handball gespielt. Aber ich bin kein Handballer. Würde ich nie behaupten. Weil ich nicht mehr spiele. Geht nicht mehr. Kaputter Rücken, drei bis vier Tonnen Pakete jeden Tag, Treppe hoch, Treppe runter, neun bis zehn Stunden. Ich hab keine Zeit mehr für Handball, also behaupte ich nicht, dass ich das noch bin. Ich bin kein fucking Handballer, sondern ein beschissener Lohnsklave. Warst du direkt oder bei einer Sub?

BRAUBACH. Subunternehmer gab es auch noch nicht.

JEROME. Stundenlohn?

BRAUBACH. Weiß nicht mehr. Zehner? Mark natürlich.

JEROME. So ein Zufall. Fünfer. Euro natürlich. Siehst du? Bei den wichtigen Sachen ändert sich nichts.

BRAUBACH. Du hast Anspruch auf Mindestlohn.

JEROME. Stimmt. Super. Aber wir sind verpflichtet, unbezahlte Überstunden zu machen, und zwar regelmäßig. Dann kommt man schnell runter auf fünf die Stunde, so einfach ist das. Du hast keine Ahnung von der Arbeitswelt. Du hast nur so einen Ton drauf, der nach Arbeiter klingt. Und der wird für den Wahlkampf bestimmt wieder richtig hochgefahren: Ey, Kollegen, es geht da draußen ungerecht zu! Riesenerkenntnis. Oder Gewerkschaft. Die Postler stehen bei uns zehn Meter weiter runter an der Rampe, kriegen mehr Geld, arbeiten weniger, und wir sind die Deppen von der Sub. Für uns machen die nichts, die Herren Arbeitervertreter, die wissen, wo ihr Brot gebuttert wird. So wie du. Arbeit und Gerechtigkeit. Du fährst auf meinem Ticket. Ihr alle, ich gehe morgens um sechs aus dem Haus und komme abends um sieben zurück, dann mache ich die Glotze an und sehe Typen wie dich, nachdem ich den ganzen Tag Zalando- und Amazonschrott abgeliefert habe, und nichts bleibt am Monatsende über, nichts! Ich habe Zeitdruck, den ganzen Tag, damit die Quote stimmt, und dann kommt einer wie du, fährt Enno zum Krüppel, kommt hier vorbei und ist nicht schuld. Klar bist du nicht schuld, niemand ist schuld. Wir leben in einem Land, in dem nie irgendjemand schuld ist. Aber das funktioniert nicht, und deshalb muss das aufhören.

BRAUBACH. Was?

JEROME. Diese Lügen. Wir sind eines der reichsten Länder, die beste Demokratie der Welt, blabla ... Wenn das dabei rauskommt, dann scheiß ich doch auf die Demokratie. Was bringt die mir denn, oder meinen Kollegen, meiner Tante, allen, die sich den Arsch aufreißen ... So läuft das nicht. Und du willst mich hier klein machen und für dumm verkaufen, willst mich einschüchtern mit Justiz und ›gecheckt werden‹. Sie haben einfach Schiss, dass es plötzlich puff macht und Ihre schöne Karriere am Arsch ist. Wenn Sie nicht so besoffen von der Macht wären, würden Sie merken, dass etwas gewaltig schiefgeht.

BRAUBACH. Habe ich gesagt, dass alles gut läuft? Nein. Habe ich gesagt, dass alle Politiker gute Menschen sind? Nein, viele von denen sind sogar ausgemachte Idioten. Kann ich ganz im Vertrauen zugeben. Aber ich bin nicht karrieregeil, sonst wäre ich schon längst in der Wirtschaft. Da gibt es auch mehr Kohle. Wegen sowas ist man nicht in der Politik.

JEROME. Sag ich doch, machtgeil.

BRAUBACH. Glaubst du, man geht nur in die Politik, weil

man gerne rote Rosen in der Fußgängerzone verteilt? Wirfst du einem Fußballer vor, dass er gern Tore schießt? So dumm bist du doch nicht, Junge. Schalt dein Gehirn ein. Mach es dir nicht so verdammt einfach.

JEROME. Das ist einfach, das sehe ich jeden Tag, das mache ich jeden verdammten Tag mit, das ist eine ganz klare Sache, da gibt es Schuldige, da geht etwas ganz brutal schief, alle wissen es, keiner von euch macht was, das stinkt zum Himmel, und wenn du das nicht riechst, dann willst du es nicht riechen. Das geht nicht mehr lange gut, bald fliegt euch das um die Ohren. Weil euch das am Arsch vorbeigeht, weil ihr uns verachtet, ihr alle, und solche Volksverarscher wie du sind die Schlimmsten. Machst hier fett einen auf Arbeiterversteher, aber bist genervt, weil ich Ansprüche stelle. Berechtigte. Darum geht es. Nur darum. Klar, meine Tante ist für dich die Gute, lieb und dankbar, so hättest du uns gern. Aber ich weiß, was läuft. Du nennst mich unverschämt? Mich? Du kennst mein Leben nicht. Alles, was da draußen läuft. Du hast keine Ahnung. Und fasel nicht von Gerechtigkeit, ich scheiße auf deine Gerechtigkeit, auf dein Gedröhne, deine guten Taten. Ich hab meine eigene Gerechtigkeit. Ich mach dich fertig, ich kann das. Glaub es oder nicht.

BRAUBACH. Du willst also die große Kohle und die große Revolution. Ist die Revolution abgeblasen, wenn du die Kohle bekommst?

JEROME. Vielleicht sollten wir später über die Kohle reden und zuerst über die Revolution. *(Er holt ein kleines Aufnahmegerät aus der Tasche.)*

BRAUBACH. Was soll das?

JEROME *(spult zurück, schaltet ein, man hört eine kurze Sequenz aus ihrem Dialog)*. Super Qualität, oder? Sendefähiges Material. Und was lernen wir daraus? Man kann nicht paranoid genug sein.

(Stille, Braubach sieht Jerome an.)

Sie können gern was sagen. Ich habe es ausgeschaltet, jetzt kommt wahrscheinlich kein interessantes Material mehr von Ihnen.

BRAUBACH. Ich habe auch vorher nichts gesagt, was mir schaden könnte.

JEROME. Sind Sie sicher? Wenn Sie sagen, dass sich ›die Anschuldigungen mit der Zeit geben‹? Echt zynisch. Kann man als Schuldeingeständnis werten. Oder die Schmutzkampagne des politischen Gegners. Üble Unterstellung. Oder wo Sie von gekauften Richtern sprechen.

BRAUBACH. Das war ironisch gemeint.

JEROME. Kommt immer darauf an, wie man das zusammenschneidet.

BRAUBACH. Das ist alles harmloses Zeug, das habe ich mit einer Pressekonferenz vom Tisch gefegt.

JEROME. Sind Sie wirklich so naiv? Wenn Sie das hier nicht die Wahl kostet, was dann? Wollen Sie noch Katzenbabys im Main ersäufen? Sie sind erledigt. Wundert mich eigentlich, dass Sie so vertrauensselig waren. Ist das Paketbotensolidarität? Oder Selbstüberschätzung?

BRAUBACH. Für wen arbeitest du?

JEROME. Ich muss mich echt wundern. Jemand wie Sie, der in jeder zweiten Talkshow raushängen lässt, wie rockymäßig er sich ohne jede Unterstützung nach oben geboxt hat, glaubt nicht, dass andere das auch alleine können?

BRAUBACH. Das machst du hier gerade: dich nach oben kämpfen? Denkst du, du hast gerade Oberwasser? Wegen dieser lächerlichen Aufnahme, auf die du so stolz bist? Glaubst du, du kannst mich mit sowas aufs Kreuz legen?

JEROME. Habe ich gesagt, dass ich schon fertig mit Ihnen bin?

(Jerome holt sein Handy heraus, beginnt Braubach zu filmen, der seine Hände vor das Gesicht hält.)

BRAUBACH. Lass das. Sofort.

JEROME. Wie ist das denn so, wenn man einen Junkie überfährt? Denkt man da, gottseidank, wieder einer weniger? Wichst man sich einen ab, wenn man weiß, dass man der Familie Gutes tun kann, wenn sie lieb und dankbar ist?

BRAUBACH. Lass den Scheiß!

(Jerome filmt weiter, Braubach steht auf.)

JEROME. Okay, keine Antwort, dann kommen wir jetzt auf die Antworten, die Sie vorhin schon gegeben haben, Herr Braubach. Können Sie bitte für die Kamera Ihr Geständnis wiederholen, dass sie beim Unfall zu schnell gefahren sind?

BRAUBACH. Hör sofort auf.

JEROME. Gut, Sie wollen nicht. Dann antworten Sie ab jetzt nur mit Ja oder Nein: Haben Sie die Angehörigen besucht, weil Sie sich ihr Schweigen erkaufen wollten?

(Braubach geht auf Jerome zu, der zurückweicht, dabei aber weiterfilmt.)

JEROME. Wollen Sie mich bedrohen?

BRAUBACH. Kamera aus!

(Jerome weicht immer weiter aus, Braubach wird

immer wütender, will immer wieder nach der Kamera greifen.)

JEROME. Beantworten Sie bitte meine Frage.

(Braubach packt Jerome an der Schulter, der schreit übertrieben laut vor Schmerz, wirft dann das Handy mit einer schnellen Handbewegung auf das Sofa und tritt Braubach mit voller Wucht in den Bauch. Braubach sackt auf dem Boden zusammen. Jerome nimmt das Handy wieder an sich und beobachtet Braubach, der langsam versucht aufzustehen.)

Drehen Sie jetzt völlig durch? Versuchen, mir die Kamera wegzureißen, und greifen mich brutal an, ich habe vor Schmerzen geschrien, haben Sie das nicht gehört? Das ist alles dokumentiert. Ich bringe Sie vor Gericht!

BRAUBACH *(steht schweratmend auf).* Okay, zugegeben, ich habe dich unterschätzt.

JEROME. Schön, dass Sie das einsehen.

BRAUBACH. Punkt für dich. Und jetzt?

JEROME. Sie haben mich angegriffen.

BRAUBACH. Bullshit. Was ist dein Plan?

JEROME. Nur nicht ungeduldig werden, es geht weiter.

BRAUBACH. Wie viel willst du haben für das Diktaphon und den Film. Sag einen Preis.

JEROME. Das Gerät hat dreiunddreißig Euro gekostet und der Film ist kostenlos, wenn man ein Smartphone besitzt.

BRAUBACH. Du bist ein witziges Kerlchen. Also? Ich sage nicht, dass ich zahle, ich will wissen, was du forderst.

JEROME. Sie haben mir nicht zugehört. Ich habe gesagt, wir reden erst über die Revolution und dann über die Kohle.

BRAUBACH. Ich bin in meinem Leben schon mit einer ganzen Menge Arschlöcher fertig geworden. Dich überlebe ich auch noch. Wenn du unterste Schublade willst: Kann ich auch. Wir klären das jetzt. Und das ist mein allerletztes Angebot in Frieden. Danach ist Krieg, und ich habe mehr Fronterfahrung als du. Du hast nichts auf der Hand. Aber ich kann dir das Leben richtig schwer machen. Richtig schwer …

(Jerome nimmt drei Orangen aus der Obstschale, jongliert kurz mit ihnen, legt zwei wieder zurück. Dann zieht er ein Messer aus seiner Tasche, öffnet es, eine lange Klinge. Er beginnt die Orange zu schälen. Braubach verstummt, Jerome bietet ihm ein Stück Orange an, beginnt im Folgenden selbst zu essen, besieht sich dabei das Messer, zeigt es Braubach.)

JEROME. Das habe ich neulich auf dem Polenmarkt gekauft. Die haben mir erzählt, dass es ein echtes Laguiole ist, fünfzig Tacken habe ich dafür bezahlt, ist aber ein Fake, irgendein Chinaschrott. Das merkt man aber erst, wenn man ganz nah rangeht. Und wenn man Bock auf ein Messer hat, das normalerweise das Dreifache kostet, guckt man eben nicht so genau hin, und dann geht das als Original durch. Und irgendwie ist das auch egal, denn es schneidet genauso perfekt wie ein Laguiole. Und es sieht geil aus, oder? Tut es doch. Ist aber hundert Prozent Fake.

BRAUBACH. Wie willst du aus dieser Nummer wieder rauskommen? Hast du dir darüber mal Gedanken gemacht?

JEROME. Ich glaube, die Frage ist, wie Sie aus dieser Nummer wieder rauskommen. Um mich müssen Sie sich keine Sorgen machen. Und jetzt rufen Sie Ihren Fahrer an und sagen ihm, dass das hier länger dauert. Er kann Feierabend machen, Sie nehmen später ein Taxi.

(Braubach nimmt sein Handy.)

Und bitte genau diese Formulierung. Sobald ich irgendwas höre, was wie ein Codewort klingt, muss ich leider Konsequenzen ziehen. Also einfach nur den Text sagen. Und wenn hier trotzdem Polizei auftaucht, dann könnte es für alle unangenehm werden. Vor allem für Sie.

BRAUBACH *(ruft an)*. Hallo … ja … Sie können Feierabend machen, das dauert länger hier. Ich nehme dann ein Taxi … Nichts zu danken … Tschüss.

JEROME. Setzen Sie sich. Jetzt sind Sie mal dran mit dem Stuhl. Und schieben Sie ihn weiter weg von mir. Ich will Ihnen nicht die ganze Zeit das Messer vor die Nase halten. Sie wissen ja, dass es da ist.

(Braubach setzt sich. Jerome geht zum Fenster, wirft einen kurzen Blick hinaus. Dann schließt er die Haustür ab, kommt zurück und legt das Messer neben sich.)

BRAUBACH. Und? Fühlst du dich jetzt mächtig und stark?

JEROME. Und Sie? Wie fühlt es sich an, einmal komplett ausgeliefert zu sein?

BRAUBACH. Okay, Klartext: Ich bin nicht gegen dich. Und ich kann damit leben, dass du stinkwütend bist. Ich war nicht so naiv zu glauben, dass ich hier mit offenen Armen empfangen werde, nachdem ich deinen Cousin überfahren habe. Du kannst mich nicht ausstehen, auch gut, ich muss nicht geliebt werden, sonst wäre ich im falschen Beruf. Wenn ich etwas anpacke, will ich zu einem Ergebnis kommen, zum bestmöglichen genauer gesagt. Nicht nur für mich, sondern für alle Beteiligten. Nur das zählt. Wenn ich Verantwortung für etwas trage oder sie übernehme, weil ich denke, dass das richtig ist, ziehe ich das auch durch. Zum letzten Mal: Ich bin nicht schuld an dem, was deinem Cousin passiert ist, aber ich übernehme die Verantwortung und versuche, seine Situation zu verbessern. Deshalb bin ich hier. Was immer du mit dieser Aufnahme oder dem Video vorhast, wie auch immer du versuchst, aus mir Geld herauszupressen … es wird dir nicht helfen, dein Leben zu verbessern. Es wird nicht funktionieren, darüber müssen wir nicht weiter diskutieren. Du kannst das alles ins Netz stellen und das Ding hochkochen. Aber du wirst keinen Cent von mir bekommen. Vielleicht wirst du es schaffen, meinen Ruf zu beschädigen. Vielleicht kann sich irgendjemand mit deiner Hilfe meinen Skalp an die Wand nageln, wenn es richtig schlecht für mich läuft. Aber du wirst weiterhin jeden Morgen deine Pakete austragen, und zwar so lange, bis du in nicht allzu ferner Zukunft durch eine Drohne ersetzt wirst oder die Wut dir deine Galle endgültig zerfressen hat. Wenn es gut für dich läuft. Andernfalls landest du in Kürze im Knast. Nochmal in Großbuchstaben: Du wirst kein Geld bekommen. Und nochmal mit Ausrufezeichen: Dein Leben wird sich nicht verbessern, es wird sich höchstwahrscheinlich verschlechtern, wenn du das hier durchziehst. Es hilft nichts. Verstanden? Deshalb musst du hier keine Welle machen. Wir werden zusammen eine Lösung finden, das verspreche ich dir. Und dazu musst du hier nicht mit einem Messer rumfuchteln, Junge.

JEROME *(lacht)*. Ihr Problem ist, dass Sie nicht zuhören. Und Sie lesen nicht genau genug. Und deshalb sind Sie komplett ahnungslos. Ich habe doch vorhin gesagt, dass wir über die Kohle später reden und zuerst über die Revolution. Wobei das Ihr Wort ist, ich würde das so nicht nennen. Reden wir über Abschaffung. Oder über die Jagd. Und die läuft seit ziemlich genau zwei Wochen im Netz. Sie stöbern sicher nur so ein bisschen in Ihren Hassmails herum, regen sich über Beleidigungen auf, und dann müssen Sie sich wahrscheinlich dringend die Hände waschen wegen dem ganzen Schmutz. Wenn Sie aufmerksamer gelesen hätten, wären Sie nie auf die Idee gekommen, hier aufzutauchen. Denn dort steht das Urteil über Sie längst fest. Sie sind ein Politiker, der sich strafbar gemacht hat und trotzdem ungeschoren davonkommt, weil er die richtigen Leute kennt und an den Hebeln der Macht sitzt. So sieht es in unserem Land heutzutage aus. Deshalb muss ab sofort der Kampf gegen das System härter werden, gnadenloser. Dafür stehen Sie. Sie und die ganzen Eliten. Ihr habt die rote Linie überschritten. Wir reagieren nur. Wenn die Justiz für eure Schweinereien nicht mehr zuständig ist und die Systempresse euch deckt, dann müssen wir das selbst in die Hand nehmen. Wo Recht zu Unrecht wird, wird Widerstand Pflicht. Und Selbstjustiz. Das ist das Urteil, und das haben Sie und Ihr lahmes Checkerbüro einfach überlesen. Sie stehen ganz oben auf der Liste der Volksverräter, Herr Braubach, und die Wut wird jeden Tag größer. Das steht überall, und Sie tauchen hier auf und versprechen Lehrstellen oder Hilfe beim Ämterbesuch oder womit auch immer Sie meine Tante vollgesülzt haben.

BRAUBACH. Wenn ich diese ganze Jauche ernst nähme, könnte ich überhaupt nicht mehr auf die Straße.

JEROME. Wenn Sie das ernst genommen hätten, säßen Sie

jetzt nicht hier, mit einem wütenden Menschen, der ein langes, scharfes Messer hat und eine Mission. Sie sind in einer richtig unangenehmen Lage, und Sie haben nicht mehr die Kontrolle, haben Sie das überhaupt schon kapiert?

BRAUBACH. Du versuchst, mir Angst zu machen, um an deine Kohle zu kommen …

(Jerome geht mit zwei schnellen Schritten zu Braubach, verpasst ihm eine kräftige Ohrfeige, Braubach rutscht vom Stuhl. Jerome steht kurz über ihm, setzt sich dann wieder.)

JEROME. Tut mir leid, aber anders scheinen Sie es nicht zu kapieren. Und bleiben Sie auf dem Boden, ist mir lieber. Es geht nicht um die Kohle, um die ging es nie, das war nur ein Gesprächsthema, damit Sie bleiben. Ich habe nie damit gerechnet, dass Sie sich erpressen lassen, ich bin doch nicht bescheuert, aber so sind wir ins Gespräch gekommen. Du sagst einer schönen Unbekannten ja auch nicht als Erstes, dass du sie ficken willst, oder? Man muss ein Thema finden, das einen interessant macht, und irgendwann kommt man aufs Wesentliche.

BRAUBACH. Und was ist das Wesentliche?

JEROME. Das ist die große Frage. Ich sage es Ihnen ganz ehrlich, ich bin noch unentschlossen. Seit zwei Wochen überlege ich, wie ich Sie drankriege. Damit bin ich übrigens nicht allein, es gibt schon jede Menge Vorschläge, wie man Ihren Wahlkampf stören kann. Ich wollte Sie stellen, auf irgendeinem Marktplatz oder wenn Sie in der Fußgängerzone Rosen verteilen, und da sagt mir die gute Nele, dass Sie hier vorbeikommen wollen. Hatte ich nicht mit gerechnet. Dann bleiben Sie auch noch, als ich ankomme und meine Forderung stelle. Weil Sie denken, dass man alle Probleme der Welt weglabern kann. Sie glauben an die Macht des Wortes, und Sie haben sich in meine Hand begeben. Eine Schicksalsentscheidung. Und sagen Sie nie wieder, dass Sie keine Schuld haben, das langweilt mich langsam.

BRAUBACH. Willst du mir nicht mal sagen, worum es dir geht? Brauchst du einen Sündenbock?

JEROME. Vielleicht nennen wir es besser Verantwortung. In einem größeren Rahmen. Denn du stehst für das System, das dieses Volk verraten hat und dieses Land üblen Mächten ausliefert. Wer mitmacht, ist verantwortlich. Ich hab mir angesehen, was du so gemacht hast. Ich sage nicht, dass du einer von den Schlimmsten bist, und manche Sachen sind sogar gar nicht so dumm …

BRAUBACH. Danke.

JEROME. … aber trotzdem gehörst du dazu. Du gehörst zu einem System, das dafür sorgt, dass dieses Land und unser Volk den Bach runtergehen. Und du hast dich wie jemand verhalten, der weiß, dass er Teil des Systems ist. Und genau da kommt in meiner Welt das Wort Moral vor: Sie tragen moralische Schuld am Elend in diesem Land, und dafür werde ich Sie zur Verantwortung ziehen.

BRAUBACH. Und wie?

JEROME. Weiß ich noch nicht. Sage ich doch. Muss ich denn alles zweimal sagen? So kommen wir hier nicht voran.

BRAUBACH. Okay. Eines nur: Ich bin nicht für dein Leben verantwortlich. Du hast entschieden, mit sechzehn die Schule zu schmeißen, weil du Krach mit deinem Vater hattest, weil Schule was für Loser ist oder weil du ein

Mokick wolltest, damit du die Mädchen beeindrucken kannst. Diese verdammte Ignoranz der Arbeiterklasse, die schon immer stolz darauf war, Chancen einfach verstreichen zu lassen, weil das die strunzdummen Väter auch schon so gemacht haben, diese ganzen falschen Entscheidungen … Soll ich dafür die Verantwortung übernehmen? Ich bin auch mit sechzehn von der Schule ab, großer Fehler, und irgendwann später merkt man, dass der Zug abgefahren ist, und dann fängt man an zu saufen oder resigniert oder ist wütend, so wie du jetzt. War ich auch mal, beeindruckt mich nicht. Das Leben ist nicht gerecht. Aber du kannst nicht einfach irgendjemanden dafür verantwortlich machen. Oder den Staat. Es gibt keine gerechte Gesellschaft, höchstens Näherungswerte, und selbst die gibt es nur in einer Demokratie, jede Alternative führt zu Gewalt und Unterdrückung. Die Demokratie gibt dir die Chance, dein Leben auf eigene Rechnung zu versauen oder etwas daraus zu machen. Wenn du einen Vater Staat willst, der dir jeden Abend Gute Nacht sagt und dafür sorgt, dass du schön zugedeckt bist, wird er eines Nachts kommen, um dich im Schlaf zu erwürgen. Übernimm Verantwortung für dein Leben, dann können wir weiterreden.

JEROME. Davon kommen Sie nicht runter, was?

BRAUBACH. Wovon runter?

JEROME. Von dieser Denke, Sie können sich keine andere vorstellen. Deshalb verstehen Sie mich auch nicht. Sie können sich nicht vorstellen, dass das, was Sie und Ihre Kollegen machen, einfach nur falsch ist.

BRAUBACH. Entwickle erst mal ein paar Ideen, bevor du mit den großen Hunden pissen willst.

JEROME. Ich rate Ihnen zum letzten Mal, zuzuhören. Wenn ich einen Blick auf dieses Land werfe, läuft alles falsch. Und ich bin nicht allein mit dieser Ansicht. Ich stehe für viele. Das ist das ›Wir‹ nach dem Sie gefragt haben. Wir, das ist das Volk. Müssten Sie kennen. Ist das angekommen? Und ich rede nicht nur von Deutschland. Etwas läuft falsch auf dieser Welt, mit der Wirtschaft, der Politik, mit der Art und Weise, wie man Menschen behandelt, und das macht mich und viele andere sehr wütend. Sie sagen, ich bin selbst schuld. Sie sagen, es gibt keine Alternative, oder nur schlechtere – womit Sie sagen wollen, dass ich mein Maul halten soll, bis mir etwas Besseres einfällt oder bis ich eingesehen habe, dass ich Fehler in meinem Leben gemacht habe – was in Ihrer Logik heißt, dass ich für immer mein Maul halten soll. Ich rede nicht von Alternativen, sondern von Abschaffung. Verstehen Sie? Weg. Aus. Fertig. Abschaffung. Sie und Ihre Leute begreifen nicht, dass Zerstörung ein schlagkräftiges politisches Konzept ist. Der ganze Scheiß muss weg, das ist ein unheimlich befreiender, inspirierender Gedanke.

BRAUBACH. Das ist was für Sechzehnjährige. Da kann man so rumbollern. Du wirst dreißig, Junge, du bist langsam zu alt für Randale.

JEROME. Randale wäre es, wenn ich Sie nur niedermache, weil mich Ihr Arbeitergetue nervt oder weil Sie ein besonders schlechter Mensch sind. Aber wir reden über politische Konzepte, und da sind Sie einfach nur der Feind und den kann und muss man vernichten, weil er eben der Feind ist. Hass und Wut sind da nur Kraftfutter und Nervennahrung, damit man es zu Ende bringen kann. Was zählt, ist die Abschaffung des Feindes. Und der Feind sind die Eliten. Also Leute wie Sie. Bisher hat es in diesem Kampf noch keine Toten gegeben, aber es gibt eine Bereitschaft, Tote in Kauf zu nehmen. Auch das hätten Sie bei aufmerksamer Lektüre feststellen können. Oder bei einem Blick auf die Bilder: Wenn bei einer Kundgebung ein Galgen herumgetragen wird, der für einen Politiker reserviert ist, und niemand schreitet ein, dann gibt es ein Einverständnis. Klar, jeder würde sagen, der Galgen ist nur ein Symbol, blabla, aber er ist nun mal ein Symbol für eine Hinrichtung. Also wird es irgendwann eine geben müssen, damit man die nächste Stufe zünden kann: Vielleicht brauchen wir einen toten Politiker und vielleicht ist die Gelegenheit nie wieder so günstig wie jetzt. Sie tauchen hier auf, wollen die Familie bestechen, und ich mache Sie fertig, weil ich Gerechtigkeit will. Ich würde Sie töten, weil sonst niemand in diesem Land für Gerechtigkeit sorgt. Ich wäre für Ihre Staatsmedien ein Monster, aber für viele andere, für meine Leute, wäre ich ein Held. Ein Mann der Tat. Das Grab der Rathenaumörder wird bis heute geschmückt, wussten sie das? Gewalt ist nun mal ein effektives Mittel der Konfliktlösung, auch wenn das weichgespülte Humanisten wie Sie anders sehen. Vor allem wenn das Motiv edel ist, glauben Sie nicht?

(Stille.)

Was meinen Sie?

BRAUBACH. Es reicht.

JEROME. Es reicht?

BRAUBACH. Es reicht mir, hör auf mit deinem Geschwalle. Ich rede nicht mehr mit dir. Verschon mich mit deinen

Monologen. Warum soll ich mir das anhören? Du hörst mir auch nicht zu. Es ist komplett sinnlos. Du willst mir imponieren? Das kannst du nicht. Ich bin es leid.

JEROME. Kein Dialog mehr?

BRAUBACH. Das war nie einer.

JEROME. Okay.

BRAUBACH. Finde selbst raus, was du willst.

JEROME. Genau das habe ich vor.

BRAUBACH. Klang nicht so.

JEROME. Ist aber so.

BRAUBACH. Du willst mich töten. Oder nicht. Vielleicht. Deine Tante kommt bald zurück. Ist die dann auch dran? Soll das hier so eine Art Game of Thrones werden? Ein Blutbad für die große Sache? Darüber schon mal nachgedacht? Vielleicht sind solche Sachen in der Realität dann doch nicht so heldenhaft, wie man vorher denkt.

JEROME. Sie nehmen mich nicht ernst.

BRAUBACH. Ich versuche es. Von ganzem Herzen. Wirklich.

JEROME. Ich handle schließlich ganz in Ihrem Sinne. Ich nutze meine Chance. Denn Sie sind eine Chance für mich, egal, wie das hier ausgeht. Nicht ganz so wie Sie mit ihrer kitschigen Achtziger-Ballade vom Paketboten, der Oberbürgermeister werden will, aber im Prinzip geht es nur darum, im Scheinwerferlicht ein richtig großes Rad zu drehen. Ein starker Wille, eine große Wut. Das kennen Sie doch, oder?

(Sie sehen sich an.)

BRAUBACH. Wo soll ich denn da anfangen? Das ist alles komplett sinnlos. Hör zu, wir warten jetzt auf deine Tan-

te, und dann solltest du irgendwann mal mit einem Profi sprechen.
(In einer schnellen Bewegung tritt Jerome den Tisch um, brüllt, greift nach dem Messer und richtet die Klinge auf Braubach, der ebenfalls aufgesprungen ist, den Stuhl hochreißt und in kampfbereiter Stellung schützend vor sich hält. Jerome hält seine Angriffsstellung, geht dann langsam einen Schritt Richtung Braubach, der seine Stellung ebenfalls noch einmal korrigiert. Dann verharren beide für eine lange Zeit eingefroren in dieser lauernden Stellung.)

JEROME. Angst?
(Ein langsamer Schritt von Jerome, auch Braubach korrigiert seine Stellung leicht.)
Ja, Sie haben Angst, Sie schwitzen vor Angst. Ist das geil. Der große Braubach scheißt sich ein.
(Braubach lässt den Stuhl sinken. Jerome lacht, lässt das Messer etwas sinken.)

BRAUBACH. Okay, dann mach. So ein großer, alter Mann wie ich hat viel Blut, das wird eine Riesensauerei, das gibt keine schönen Bilder, das sieht nach Schlachthaus aus, und die Einzigen, die das gut finden, sind Psychos. Dein großes ›wir‹ gibt es nicht, vor allem keines, das diese Tat bewundern wird, du wirst genauso schnell vergessen wie der Kerl, der in England diese junge Politikerin getötet hat. Kennt keiner mehr, den bewundert keiner. Jetzt denkst du, du hast deine Kameraden, deine Volksgenossen oder was auch immer hinter dir. Im Knast hast du niemanden mehr, dann bist du erst recht, was du jetzt schon bist: allein. Und du weißt es. Du weißt, dass das alles hier nicht funktioniert. Du hast keinen Plan, hattest nie einen, du hast nicht die geringste Ahnung, wie du hier rauskommen sollst. Wenn einer hier Angst hat, dann du.

JEROME. Sie kennen mich nicht, Sie haben keine Ahnung von mir.

BRAUBACH. Und wenn doch?

JEROME. Jetzt kommt die Psychotour, schon kapiert. Sie wollen Ihren Arsch retten.

BRAUBACH. Da haben wir doch was gemeinsam.

JEROME. Ich habe nichts mit Ihnen gemeinsam. Nichts.

BRAUBACH. Wäre mir auch lieber.

(Kurze Stille.)

Kämpfen wir.

JEROME. Wie?

BRAUBACH. Kämpfen wir wie Männer. Hast du dich nie geprügelt? Macht man das nicht als Hater? Ich kann mich prügeln. Ich bin älter, du bist schneller, aber ich habe sicher mehr Erfahrung im Kämpfen. Ein fairer Kampf. Leg das Messer weg, und wir klären das unter Männern.

JEROME. Ich mache hier keinen auf Männerehre.

BRAUBACH. Zu feige dafür?

JEROME. Netter Versuch.

BRAUBACH. Zuschlagen kannst du, das hast du bewiesen. Wenn dein Gegner unvorbereitet ist. Dann kämpfe jetzt, wenn dein Gegner vorbereitet ist.

JEROME. Warum soll ich Ihnen die Chance geben, an mein Material zu kommen? Dann machen Sie mich fertig, haben Sie gesagt. Jetzt kann ich entscheiden. Dann würden Sie entscheiden.

BRAUBACH. Warum sollte ich das Risiko eingehen, mich

an dir zu rächen? Im Wahlkampf? Da habe ich genug um die Ohren.

JEROME. Weil ich Sie gedemütigt habe. Weil ich Ihnen bewiesen habe, dass Sie ein verlogenes Arschloch sind wie alle Ihre Kollegen auch.

BRAUBACH *(sieht Jerome lange an, dann setzt er sich auf das Sofa)*. Mir reicht es. Mach, was du willst. Ich bin draußen, ich habe keine Lust mehr, mich zu wiederholen. Mit dir nicht … nein überhaupt nicht, ich lasse mich nicht mehr beschimpfen, von dir nicht und von niemandem, für den Politiker nur die Prügelknaben sind oder die Oberschurken, damit man sich so richtig als Opfer fühlen kann und nicht nachdenken muss. Wir beenden das jetzt. Der Hass langweilt mich und die Dummheit, die verzerrten, hässlichen Gesichter mit den Trillerpfeifen auf den Marktplätzen, das verstümmelte Deutsch dieser Patrioten, die keinen Hauptsatz zu Ende kriegen, das Gekeife der Zukurzgekommenen, die glauben, ein Recht zu haben, uns zu beschimpfen. Der Mob langweilt mich. Früher dachte ich, man kann argumentieren, heute verstehe ich, warum manche Diktatoren auf die Idee kommen, ihr Volk zu unterdrücken – damit man endlich Ruhe hat von dem ständigen Gemecker. Reg dich nicht auf, das war ein Witz. Schließen wir es ab. Versuchen wir es zumindest. Wenn nicht, ist es auch egal. Ich will bloß nichts mehr hören. Hast du noch Mordgedanken? Dann sag es jetzt, damit ich mich darauf einstellen kann.

(Jerome klappt die Klinge zu, steckt das Messer ein.)

Danke, das macht vieles einfacher.

JEROME. Was ist das jetzt für eine Tour.

BRAUBACH. Dafür bist du noch zu jung, das verstehst du erst, wenn du dreißig Jahre einen Stein einen Berg hinaufgerollt hast.

JEROME. Und das heißt?

BRAUBACH. Das heißt, dass der Gedanke, dass alles einfach zusammenbricht, langsam einen gewissen Reiz entfaltet: nicht wieder auf die Ochsentour, kein Geschrei, keine Teams, du kannst deinen Budenzauber im Netz veranstalten, die Trolle feiern eine Party, und ich lasse meinen Computer einfach aus, und wenn mich jemand anfurzt, kann ich ihm als Privatmann einfach eine aufs Maul hauen, das ist viel gesünder.

JEROME. Was gibt das denn?

BRAUBACH. Okay, spielen wir dein Spiel zu Ende. Wir fahren zu einem Geldautomaten, ich hebe so viel ab, wie möglich ist, du gibst mir das Aufnahmegerät, löschst den Film und gehst als Sieger vom Platz. Oder behalte den Kram, dein Ding, ich will jetzt nach Hause.

JEROME. So einfach geht das nicht.

BRAUBACH. Doch! So einfach geht das! Ich will nach Hause, und ich scheiß auf dich und dein gefälschtes Angebermesser!

JEROME. Ruhe! Ich muss nachdenken!

(Man hört den Haustürschlüssel im Schloss. Nele kommt herein, sieht das Chaos in der Wohnung.)

4. Szene

NELE *(zu Jerome).* Was war hier los? Wieso hast du abgeschlossen? Was hast du gemacht? *(Zu Braubach.)* Alles gut bei Ihnen?

JEROME. Wir haben verhandelt, weißt du doch.

NELE. Ich hab Augen im Kopf. Stell den Tisch wieder auf.

JEROME. Was soll das denn jetzt?

NELE. Kannst du einmal machen, worum ich dich bitte? Ist das so schwer? Einfach mal Ruhe geben und tun, was man dir sagt? Kannst du das?

JEROME *(zögert kurz, stellt dann den Tisch wieder auf).* Zufrieden? Ich habe doch nur …

NELE. Ich habe dich gerade gebeten, still zu sein, oder? Es interessiert mich nicht, erklär mir nichts, ich brauche überhaupt nichts von dir. Muss ich noch deutlicher werden, damit du das kapierst?

JEROME. Du kapierst nicht …

NELE. Sag mal hörst du schwer?! *(Zu Braubach.)* Ich bin froh, dass Sie noch da sind, Herr Braubach. Ihr Wagen ist weg, da dachte ich schon … Was immer mein Neffe gesagt hat, es war nicht mit mir abgesprochen, was immer hier passiert ist, ich habe davon nichts gewusst, habe es nicht gewollt, und wenn er irgendwelche Dinger versucht hat, die strafbar sind, dann ist das seine Verantwortung. Ich hätte Sie nicht mit ihm allein lassen sollen, das war ein großer Fehler …

JEROME. Jetzt hör doch auf, Nele. Ich habe nur versucht …

NELE. Halt den Mund, verdammt nochmal! Du haust jetzt ab, und zwar sofort. Ich habe die Schnauze gestrichen voll von dir. Du versuchst hier, den Mann zu erpressen, der mir helfen will, du bist komplett durchgedreht. Deshalb hast du dich auch die letzten Wochen so um Enno und mich gekümmert. Damit du hier deine Spielchen durchziehen kannst. Ich dachte, dir geht es um uns, aber es geht immer nur um dich, immer, um deine dummen Ideen, die nie etwas taugen, das ist immer nur unausgegorener Blödsinn.

JEROME. Wir haben überhaupt nicht über Kohle …

NELE. Ich rede! Du wirst jetzt diese Wohnung verlassen, und du wirst hier nicht mehr auftauchen, ist das klar? Ich werde mit Herrn Braubach klären, was wir für Enno tun können. Darum geht es hier nämlich und nicht um dich. Du bist ein hoffnungsloser Fall, also geh mir aus den Augen und richte nicht noch mehr Schaden an.

JEROME. Ich kämpfe doch für dich!

NELE. Hausschlüssel.

(Jerome zögert, dann macht er einen Schlüssel von seinem Schlüsselbund.)

Irgendwas, das Sie noch mit ihm klären wollen?

BRAUBACH. Er weiß, was wir noch zu klären haben.

JEROME. Soweit kommt's noch. *(Er wirft den Hausschlüssel vor Nele auf den Boden.)* Das wirst du bereuen, glaub mir. Ihr beide.

NELE. Ich bereue schon eine ganze Menge, was dich betrifft. Und jetzt raus. Die Erwachsenen wollen reden.

(Jerome geht, knallt die Tür zu. Nele setzt sich auf das Sofa, sie zittert.)

Was hat er mit Ihnen gemacht?

BRAUBACH. Nicht wichtig.

NELE. Sie können mir alles sagen, ich werde ihn nochmal zur Rede stellen. Er soll sich bei Ihnen entschuldigen.

BRAUBACH. Darum geht es nicht.

NELE. Wie meinen Sie das?

BRAUBACH. Sie hätten nicht gehen oder Sie hätten nicht wiederkommen sollen.

NELE. Das verstehe ich nicht.

BRAUBACH *(lacht)*. Egal, zu spät.

NELE. Wofür? Wollen Sie uns nicht mehr helfen? Wie meinen Sie das denn? Nur weil Jerry sein Maul aufgerissen hat? Das kann doch jemanden wie Sie nicht beeindrucken. Sie wissen, was getan werden muss, wie es mir geht, was Enno braucht. Das habe ich mir doch nicht eingebildet. Wir hatten ein gutes Gespräch … weil Sie das kennen, weil Sie wissen, was das heißt … oder? Oder habe ich das falsch verstanden, Herr Braubach?

BRAUBACH. Ich werde Ihnen helfen. Soweit das in meiner Macht steht. Wie weit die reicht, hängt leider auch von Ihrem Neffen ab.

NELE. Das kann doch nicht sein. Wie kann ein kleiner Paketbote Ihnen schaden? Das kann ich mir nicht vorstellen. Sie sind ein gestandener Politiker, mit dem werden Sie fertig.

BRAUBACH. Das hätte ich vor ein paar Jahren auch noch gesagt.

NELE. Was ist hier passiert?

BRAUBACH. Das hat nichts mit Ihnen und Enno zu tun. Er hat … wie soll ich das nennen … vielleicht ist das hilfreich, dass man dem mal ins Auge blickt.

NELE. Wenn es von Jerry abhängt: Ich kann nochmal mit ihm reden. Im Grunde genommen ist er ein lieber Kerl.

BRAUBACH. Ja, alle Ihre Jungs sind nette Kerle.

NELE. Ich meine nur, wenn es irgendetwas hilft.

BRAUBACH. Ich werde schon damit fertig werden. Ich weiß nur noch nicht wie. Aber es gibt für alles Strategien. Ich muss jetzt gehen. Könnte ich bitte ein Glas Wasser haben?

NELE. Natürlich. *(Sie schenkt ihm Wasser nach, Braubach sieht aus dem Fenster.)*

BRAUBACH. Was für einen Wagen fährt Jerome?

NELE. Einen grünen Corsa, er steht direkt vor dem Haus. *(Sie gibt Braubach ein Wasserglas, sieht aus dem Fenster.)* Da stand er. Er ist gefahren.

BRAUBACH *(holt sein Handy heraus, ruft an)*. Guten Abend, ich brauche ein Taxi in die Riebenheimer Landstraße. Nummer?

NELE. Zweihundertneunzehn.

BRAUBACH. Zweihundertneunzehn. Danke. Nein, ich warte unten. *(Er legt auf, ein Moment der Stille.)*

NELE. Ich hätte ihn rausschmeißen sollen.

BRAUBACH. Dann hätte ich ihn woanders getroffen. Wir bleiben in Kontakt. Sprechen Sie nicht mit der Presse, egal, was passiert, und halten Sie mich auf dem Laufenden, wenn Ihnen irgendwas auffällt, was Ihren Neffen betrifft.

NELE. Sie werden mich nicht für irgendetwas büßen lassen, was mein Neffe verbrochen hat, oder? Sie werfen uns nicht in einen Topf.

BRAUBACH. Wie kommen Sie darauf?

NELE. Tut mir leid, ich habe wahrscheinlich einfach Angst.

BRAUBACH. Wer hat die nicht. *(Er steht auf, holt seine Jacke.)*

NELE. Danke, dass Sie gekommen sind.

BRAUBACH. Danke für das Wasser. *(Er geht und schließt leise die Tür.)*

BLACK.

Anmerkungen

5,2 f. *Ministerialdirigent und OB-Kandidat*: Ministerialdirigent: Amtsbezeichnung von Beamten in obersten Bundesbehörden; OB-Kandidat: Oberbürgermeister-Kandidat. Braubach leitet ein Referat in einem Ministerium und kandidiert für das Amt des Oberbürgermeisters.

18,26 *Lügenpresse*: abwertender Begriff für Medien, der bereits im 19. Jahrhundert verwendet wurde. Wer den Begriff übernimmt, unterstellt, dass Medien unter politischen, wirtschaftlichen oder ideologischen Einfluss stehen und bewusst falsche Informationen präsentieren, um die Bevölkerung zu manipulieren.

22,2 *Subunternehmer*: ein Unternehmer, der von einem anderen Unternehmen einen Auftrag übernimmt. In der Paketbranche werden so oft Tariflöhne untergraben. Seit dem 23. November 2019 gilt das Paketboten-Schutz-Gesetz, welches prekäre Arbeitsverhältnisse in Zukunft verhindern will.

32,3 *geleakt*: leaken: Als ›leaken‹ bezeichnet man das anonyme Veröffentlichen von als geheim eingestuften Informationen, z. B. im Internet.

37,5 *Trollen*: Troll: Ursprünglich bezeichnete man als ›Troll‹ einen groben Kerl, aber auch ein dämonisches Wesen in Gestalt eines Zwerges oder Riesen. Im Internetzeitalter wird der Begriff ›Troll‹ für Menschen genutzt, die beleidigende Kommentare oder falsche Behauptungen ins Internet stellen, um damit bewusst zu provozieren.

37,17 *Trittbrettfahrer*: Mensch, der vom Handeln anderer profitieren will, ohne selbst etwas dafür zu tun.

39,26 *Fake News*: umgangssprachlicher Ausdruck für

Falschmeldungen, die häufig durch digitale Kanäle (vor allem soziale Medien) verbreitet werden. Der Begriff wird aber auch von Menschen genutzt, die Fakten nicht anerkennen wollen und diese deshalb als ›Fake‹, also als unwahr deklarieren.

49,22 *Diktaphon*: Diktiergerät.

50,17 *Laguiole*: teures, sehr hochwertiges französisches Taschenmesser.

53,19 f. *Systempresse*: vgl. den Begriff ›Lügenpresse‹ (s. Anm. zu 18,26).

56,1 *Mokick*: ein Kleinkraftfahrzeug, ein Moped mit Kickstarter.

58,21 *Rathenaumörder*: Walter Rathenau war ein jüdischer Politiker zur Zeit der Weimarer Republik. Ab 1922 bekleidete er das Amt des deutschen Außenministers und verhandelte mit anderen Ländern u. a. die Kriegsreparationen des verlorenen Ersten Weltkrieges. Am 24. Juni 1922 starb Rathenau durch ein von Rechtsextremen verübtes Attentat.

58,23 f. *Humanisten*: Humanist: Jemand, der in Denken und Handeln nach Menschenwürde und Menschlichkeit strebt.

62,19 *Mob*: aufgewiegelte Volksmenge, Pöbel.

63,2 f. *dreißig Jahre einen Stein einen Berg hinaufgerollt*: Anspielung auf die Figur des Sisyphos aus der griechischen Mythologie. Sisyphos wurde von den Göttern die Strafe auferlegt, einen Felsblock einen Berg hinaufzurollen, der kurz vor dem Gipfel immer wieder ins Tal rollt. Heute bezeichnet man als Sisyphosarbeit eine ertraglose, schwere Arbeit ohne absehbares Ende.

Nachwort

Drastisch ist der Ton, den der Paketbote Jerome gegenüber dem Politiker Braubach anschlägt:

> »Das geht nicht mehr lange gut, bald fliegt euch das um die Ohren. Weil euch das am Arsch vorbeigeht, weil ihr uns verachtet, ihr alle, und solche Volksverarscher wie du sind die Schlimmsten. Machst hier fett einen auf Arbeiterversteher, aber bist genervt, weil ich Ansprüche stelle. Berechtigte. [...] Du kennst mein Leben nicht. Alles, was da draußen läuft. Du hast keine Ahnung. Und fasel nicht von Gerechtigkeit, ich scheiße auf deine Gerechtigkeit, auf dein Gedröhne, deine guten Taten. Ich hab meine eigene Gerechtigkeit. Ich mach dich fertig, ich kann das. Glaub es oder nicht.« (S. 46)

Die Rede des jungen Mannes zeigt seine Wut und seinen Hass gegenüber dem Politiker. Nicht nur die Wortwahl, auch die Syntax und die Gegenüberstellung von Personalpronomen wie ›ich‹ und ›du‹ offenbaren ein Denken, das auf Aggression und Abgrenzung ausgerichtet ist. »Weil ihr uns verachtet, ihr alle [...].« ›Ihr‹, das sind die Eliten, die für Jerome »Volksverarscher« sind, die sich gegen die Bevölkerung verschworen haben. Sein Vorwurf an Braubach, dass er sein Leben nicht kenne, verdeutlicht aber auch, dass er sich unverstanden und von der Politik alleingelassen fühlt.

Das überaus erfolgreiche Autorenduo Sarah Nemitz und Lutz Hübner[1] zeigt ein großes Gespür für gesellschaftlich

1 Die Dramen von Hübner und Nemitz zählen zu den meist gespielten und inszenierten Theaterstücken an deutschsprachigen Büh-

relevante Themen. Das gilt auch für ihr Theaterstück *Furor*, denn die Figurenrede Jeromes spiegelt ein Denken wider, das sich auch in der realen, außerliterarischen Wirklichkeit zeigt: Sogenannte ›Wutbürger‹, ›Querdenker‹ oder auch Teilnehmerinnen und Teilnehmer von ›Montagsspaziergängen‹ vertrauen zunehmend nicht mehr den Eliten, den Massenmedien, dem Staat oder der Wissenschaft, sondern lieber alternativen Meinungen, die oftmals im Internet verbreitet werden. So entsteht ein Narrativ von einer Verschwörung der Eliten gegen das eigene Volk. Das 2018 uraufgeführte Stück *Furor* zeigt einen Zeitgeist, der auch Jahre nach der Uraufführung im Schauspiel Frankfurt gültig ist.

Indem *Furor* mit der Figur Jerome einen sogenannten ›Wutbürger‹ ins Zentrum stellt, der einen Politiker zu erpressen versucht, scheint eine einseitige Schuldzuweisung für ein aktuelles gesellschaftliches Problem vorzuliegen. Doch so einfach ist es nicht. Untersucht man die Dialoge des Theaterstücks genauer, dann zeigt sich, dass sowohl Jerome als auch Braubach in gewisser Weise berechtigte Gründe für ihre jeweilige Weltsicht haben. Dies trifft auch auf Nele Siebold, die Mutter des Unfallopfers Enno, zu. Aufgrund ihres körperlich sehr fordernden, zeitlich intensiven und eher schlecht bezahlten Jobs als freiberufliche Altenpflegerin fühlt sie sich, insbesondere seitdem klar ist, dass ihr Sohn zum Pflegefall geworden ist, alleingelassen und überfordert. »Können Sie mir sagen, wie das gehen soll?«, fragt sie verzweifelt Braubach (S. 10).

nen. Das ergab eine Auswertung der Werkstatistik des Deutschen Bühnenvereins (vgl. Anke Christensen, *Jugenddramen von Lutz Hübner und Sarah Nemitz – ›Form follows function‹*, Berlin 2021, S. 45–58, 497–505.)

Die Figur Nele verweist somit auf die schwierige Situation von Menschen, die einen Angehörigen pflegen müssen und dies kaum leisten können, da die finanziellen und psychischen Belastungen so hoch sind. Dagegen steht der gut situierte Braubach stellvertretend für Politikerinnen und Politiker, die die Gesellschaft in positiver Weise verändern wollen, aber nicht immer Zugang zu andersdenkenden Menschen finden. Bevor Jerome erscheint, gelingt es Braubach, das Vertrauen Neles zu gewinnen. Auch er leidet an den Folgen des Unfalls, schläft schlecht und setzt sich nicht mehr selbst ans Steuer. Zugleich ist er als Politiker täglich Beschimpfungen und Hass ausgesetzt und er hat das Gefühl, dass Jerome zu denen gehört, die diesen Hass schüren: »Genau so stellt man sich die Typen vor, so wie du, unverschämt, ohne Kinderstube, paranoid und meistens rechtsradikal mit Hang zu Verschwörungstheorien.« (S. 37) Was Braubach allerdings nicht wahrhaben will, ist, dass Jerome durchaus nachvollziehbare Gründe für sein Gefühl hat, von der Politik übergangen worden zu sein. Zwar glaubt Braubach, die Arbeit eines Paketzustellers zu kennen (»Ich kenne die Arbeitswelt, mehr habe ich nie behauptet«, S. 43), aber die Arbeitsbedingungen in den achtziger Jahren sind in diesem Sektor nicht mehr mit denjenigen von heute zu vergleichen: Jerome arbeitet für ein Subunternehmen, das den Mindestlohn umgeht, indem unbezahlte Überstunden zur Pflicht gemacht werden.

»Alle drei treffen in einem psychologischen Ausnahmezustand aufeinander«,[2] so der Autor Lutz Hübner über

2 Jakob Hayner, Lutz Hübner, Sarah Nemitz, »Die nächste Eskalationsstufe«, in: *Theater der Zeit* 1 (2019) H. 1, S. 50 f., hier S. 51.

den Beginn des Stückes. Möglicherweise begehen auch deshalb alle drei Figuren so fatale Fehler. Während Jerome Braubach voller Vorurteile und Hass begegnet, gelingt es dem Bürgermeisteranwärter nicht, auf Jeromes prekäre Lebenssituation einzugehen. Zudem wird Jerome, was sein Gefährdungspotential betrifft, von Braubach und Nele gleichermaßen unterschätzt: Nele lässt Jerome allein mit Braubach und dieser stimmt einem Gespräch ohne Zeugin zu. Aufgrund des dann folgenden Erpressungsversuches eskaliert der Konflikt. »›Furor‹ erzählt […] davon, wie Politiker daran scheitern, eine Sprache [zu] finden, um mit den Enttäuschten wieder in einen Dialog zu gelangen«, urteilt Alexanders Jürgs in *Nachtkritik*.[3] So weicht die kunstvoll aufgebaute Spannung am Schluss des Stückes einer Resignation, die wenig Hoffnung auf eine Lösung des Konfliktes zulässt.

Das *well-made-play*

Die Dramen von Lutz Hübner und Sarah Nemitz werden oft – mitunter geringschätzend – als *well-made-play* bezeichnet, ein theaterwissenschaftlicher Begriff, der sich auch auf *Furor* anwenden lässt. Hübner begreift solche Stücke als »ein Theater der Geschichten, hauptsächlich in

3 Alexander Jürgs, »Verhasste Elite«, in: Nachtkritik: https://nachtkritik.de/index.php?option=com_content&view=article&id=16018:furor-sarah-nemitz-und-luetz-huebner-wutbuerger-anselm-weber-urauffuehrung-schauspiel-frankfurt&catid=38&Itemid=40 (Stand 24.1.2022).

Dialogen erzählt«.[4] Als *well-made-plays* gelten Dramen, die einen Konflikt in realistischer Darstellungsweise präsentieren und einen Spannungsaufbau mit einer linearen Handlungsfolge zeigen, wie sie Gustav Freytag in seiner *Technik des Dramas* (1863) dargelegt hat.[5] Auch die Form des vorliegenden Theaterstücks folgt einem solchen Aufbau: Die erste Szene dient der Exposition. So wird das ursprüngliche Problem, der Verkehrsunfall Ennos mit seinen Folgen, dargestellt, zudem werden bereits wesentliche Merkmale, vor allem die gesellschaftliche Stellung, der drei Figuren deutlich. Die zweite Szene beginnt mit dem Auftritt Jeromes, der als erregendes Moment gelten kann, denn der Konflikt zwischen Politiker und ›Wutbürger‹ tritt zutage. Nachdem Nele die Wohnung verlassen hat, nimmt das Drama an Fahrt auf. Jerome und Braubach liefern sich Wortgefechte, die die Spannung hervorrufen, ob und inwiefern der Konflikt zwischen den beiden gelöst werden kann. Als Jerome preisgibt, das Gespräch mit Braubach mitgeschnitten zu haben, erreicht die Spannung den Höhepunkt: Kann der Politiker die Situation noch positiv lösen oder wird er sich erpressen lassen? Dass Jerome Braubach kurz darauf mit einem Messer attackiert, ist der Wendepunkt der Handlung, denn Braubach resigniert: »[…] ich will jetzt nach Hause« (S. 63). Als dann Nele zu Beginn des vierten Aktes erscheint und Jerome aus der Wohnung wirft, schimmert kurz – der Funktion des retardierenden Momentes entsprechend – die Hoffnung auf, das Drama

4 Vgl. Lutz Hübner, »Es müssen die brennenden Themen auf die Bühne!«, in: *Die Deutsche Bühne* (2021) H. 12, S. 48 f., hier S. 48.

5 Zum Begriff des ›well-made-play‹ vgl. Christensen (Anm. 1), S. 118–121.

könne noch in ein glückliches Ende münden. Zwar endet das Theaterstück dann auch insofern offen, als Braubach Neles Wohnung verlässt, ohne dass feststeht, ob und inwiefern Jerome das mitgeschnittene Gespräch nutzen wird, um Braubach zu schaden. Doch letztlich erweist sich ein glückliches Ende als nicht nachvollziehbar.

Die verhängnisvolle, mitunter existentiell wirkende Handlung mit schnell eskalierendem Konflikt wird in ihrer Bedrohlichkeit mittels einer Kammerspielästhetik unterstützt: Es treten nur drei Figuren auf, die Handlung spielt ausschließlich in Neles Wohnung, Bühnenbild und Requisiten sind auf das Wesentliche reduziert und die ›dargestellte Zeit‹ und die ›Performanzzeit‹ sind in etwa gleich lang.[6] Man kann somit von einer Einheit von Ort, Zeit und Handlung sprechen. Dies trägt nicht nur zu Spannung und Schnelligkeit der Handlung bei, sondern beschwört auch eine klaustrophobische Enge herauf: Die Figuren werden miteinander konfrontiert, ohne einander ausweichen zu können. Die Bedrohlichkeit nimmt noch zu, als Jerome die Wohnungstür abschließt und Braubach somit die Flucht aus der Wohnung erschwert wird (vgl. S. 51). Dem Politiker bleibt nichts anderes übrig, als sich den Anfeindungen Jeromes auszusetzen. Eine solche Enge und Geschlossenheit des Raumes führen dazu, dass die Dialoge im Vordergrund stehen. Der Blick auf diese ist aber letztlich ein Blick auf das Scheitern menschlicher Begegnungen.

6 Vgl. die *dramatis personae* sowie die Angaben zu Zeit und Bühnenbild auf S. 5.

Realitätseffekte

Lutz Hübner und Sarah Nemitz gelten als Autorenduo, das realistische Stoffe mit dem Ziel auf die Bühne bringt, dass die Zuschauerinnen und Zuschauer sich mit den Inhalten und weniger mit der Inszenierung auseinandersetzen.[7] Das Berliner Dramatikerpaar verarbeitet oftmals zeitgenössische Konflikte. Die gewählten gesellschaftlich relevanten Themen ermöglichen eine Zuordnung vieler ihrer Theaterstücke zur politischen Literatur. Dabei erscheinen die Figuren als überaus realitätsnah. Diese Beobachtungen treffen auch auf *Furor* und die Anlage der Figuren Nele, Jerome und Braubach zu: Prekäre Arbeitsverhältnisse wie dasjenige von Jerome erweisen sich genauso als Problem der Gegenwart wie Hetze und Angriffe gegenüber Eliten.

Doch nicht nur die Themen des Dramas referieren auf die außerliterarische Wirklichkeit, auch die Darstellung der Figuren selbst, ihr Handeln und Sprechen, entspricht der Realitätsauffassung der Rezipientinnen oder Rezipienten. Beispielsweise kommuniziert Braubach ganz anders mit Nele als mit Jerome. Hierin entspricht er der Rolle eines Politikers, der gelernt hat, sich auf unterschiedliche Menschen einzustellen. Nele gegenüber zeigt er sich als erfahrener Politiker, der die Unterhaltung leitet, wobei er aber nicht immer die passenden Worte findet. So verdeutlicht Braubach seine hohe gesellschaftliche Stellung, indem er seinen Dienstwagen erwähnt (vgl. S. 8), und lenkt von sei-

7 So antwortete Lutz Hübner auf die Frage, was Erfolg für ihn bedeute: »Wenn nach einem Stück nicht über Inszenierungsdetails, sondern über das Thema gesprochen wird« (Lutz Hübner, »Die letzten Fragen«, in: *Die Deutsche Bühne* [2017] H. 3, S. 90)

nem eigenen Fehlverhalten, Nele erst zwei Wochen nach dem Unfall aufgesucht zu haben, ab, indem er auf sein Büro verweist, das ihm von einem Besuch bei ihr abgeraten habe (vgl. S. 12). Mehrfach betont er, dass es ihm lediglich darum gehe, Vorschläge zu unterbreiten (vgl. S. 11, 13–16, 22 f.). Zugleich macht er aber deutlich, wie sehr ihn der Unfall persönlich mitgenommen hat: »Ich schlafe im Übrigen auch nicht besonders gut seit dem Vorfall.« (S. 24) Der Politiker erscheint so menschlich. Zudem hebt er mit dem Verweis auf seine eigene Vaterschaft (S. 12) hervor, dass er sehr wohl in der Lage ist, sich in Neles Situation einzufühlen. Letzten Endes gelingt es ihm, Nele von seinen guten Absichten zu überzeugen.

Ganz anders verhält sich Braubach gegenüber Jerome. Er begegnet dem jungen Mann von Beginn an nicht auf Augenhöhe, indem er ihn duzt, während Jerome ihn siezt (vgl. S. 27). Es wird erkennbar, dass Braubach sich eigentlich keine Zeit für Neles Neffen nehmen möchte. So will er ihm lediglich »das kurz skizzieren« (S. 28), was er Nele zuvor ausführlich dargelegt hat. Letzten Endes bleibt Braubach allein mit Jerome, weil er sich überlegen fühlt und die Gefahr, die von ihm ausgeht, unterschätzt. So begründet er sein Bleiben mit »reine[r] Neugier, was da noch alles kommt.« (S. 30) Das Gespräch mit Jerome ist für ihn ein Spiel, das er als erfahrener Politiker zu gewinnen glaubt. Indem Braubach sich so unterschiedlich gegenüber Jerome und Nele verhält, wirkt die Figur realitätsnah.

Sprache

Dass die Figuren in *Furor* so realistisch erscheinen, liegt auch an deren Sprache. Sie passt zu Handlung und Figuren, kann aber trotzdem als Kunstsprache gelten. Auch wenn die Sprache in den Theaterstücken von Hübner und Nemitz auf einer Alltagssprache basiert, so gehört sie dennoch zu einem ästhetischen Konzept, das die Wirklichkeit nachzuahmen versucht. So führt der Dramaturg Christian Schönfelder aus: »Da sitzt jeder Satz, jede Pointe. Der Zuschauer meint, realistische Dinge zu hören, wie er sie auf der Straße belauschen könnte. Doch dem ist nicht so.«[8] Die Kunstsprache zeigt sich in *Furor* besonders in den Dialogen zwischen Jerome und Braubach. Hier fallen immer wieder Worte, die in der außerliterarischen Wirklichkeit im Kontext der sogenannten ›Netzsprache‹ oder auf rechtspopulistischen oder verschwörungstheoretischen Internetseiten zu finden sind. So konfrontiert Braubach Jerome mit den Hasskommentaren und Morddrohungen, die er als Politiker über digitale Medien erhält:

> »Ich habe mich schon immer gefragt, wer solche Sachen schreibt. Was das für Typen sind, die einen im Netz beleidigen. Nein, beleidigen ist zu schwach. Leute, die wollen, dass man Volksverräter wie mich an die nächste Laterne hängt … oder Eier abschneiden, in den Mund

8 Christian Schönfelder, »Von Peterchens Mondfahrt zur Postdramatik. Wo Sprachkunst und Spiellust zueinander finden«, in: *Kindertheater Jugendtheater. Perspektiven einer Theatersparte*, hrsg. von Andrea Gronemeyer, Julia Dina Heße und Gerd Taube, Berlin 2009, S. 72–85, hier S. 76.

stopfen … dem korrupten Schwein, das unser Land verraten hat, alles Originalzitate, das Dreckspack von Politikern. Wer kotzt sich da im Netz aus? Wer hat diese Wut mit Schaum vorm Maul? KZ-Fantasien, Lynchjustiz … das will man schon gern mal wissen … und es ist fast schon deprimierend, dass du exakt dem Bild entsprichst, das man sich von diesen Trollen macht, wenn man sich mal überwindet, diese vergiftete Hetze zu lesen.« (S. 36 f.)

Solche Diffamierungen, wie sie Braubach zitiert, werden auch in der Realität gegenüber Politikerinnen und Politikern geäußert,[9] was die Aktualität des ›Zeitstücks‹ unterstreicht.

Die Sprache evoziert aber nicht nur einen Realitätsbezug, sondern sie charakterisiert auch die Figuren und ordnet sie einem Milieu zu. Indem Braubach Jerome als »Troll« bezeichnet, beschreibt der Politiker den Paketboten etwa nicht nur als dämonischen Menschen, von dem nichts Gutes ausgeht, sondern bringt den jungen Mann auch mit Verschwörungstheoretikern in Verbindung, die Falschmeldungen bewusst ins Internet stellen.[10] Hübner und Nemitz setzen also bewusst bestimmte Stichworte ein, um eine

9 Zu dieser Thematik gibt es zahlreiche Berichte in der Presse, aber auch wissenschaftliche Untersuchungen. Vgl. exemplarisch den Artikel von Bastian Brandau, Uschi Götz und Ina Rottscheidt, »Hassmails und Morddrohungen. Lokalpolitiker im Fadenkreuz«, in: *Deutschlandfunk*, www.deutschlandfunk.de/hassmails-und-morddrohungen-lokalpolitiker-im-fadenkreuz-100.html (Stand 24.1.2022).

10 Vgl. die Anmerkungen in diesem Band, S. 69 f.

Figur indirekt zu charakterisieren. Auch die Erschöpfung Braubachs wird über dessen Ausdrucksweise vermittelt, wie beispielsweise durch den intertextuellen Verweis auf den Sisyphos-Mythos (»Dafür bist du noch zu jung, das verstehst du erst, wenn du dreißig Jahre einen Stein einen Berg hinaufgerollt hast.«, S. 63). Auch Jeromes Sprache charakterisiert ihn: So benutzt er mit den Begriffen »Fake« (S. 40, 50) oder »geleakt« (S. 32) eine Netzsprache, die zeigt, dass er den Eliten nicht traut. Zudem bringt er sich in die Nähe eines rechtextremistischen Milieus, wenn er äußert: »Das Grab der Rathenaumörder wird bis heute geschmückt, wussten sie das? Gewalt ist nun mal ein effektives Mittel der Konfliktlösung, auch wenn das weichgespülte Humanisten wie Sie anders sehen.« (S. 58) Indem der Paketzusteller auf die Verehrung der Mörder von Walther Rathenau sowie auf die Legitimität von Gewalt verweist, entlarvt er sich selbst als Anhänger einer extremen Rechten, ohne dass er dies direkt sagt. Auch die Verwendung des Begriffs »Systempresse« (S. 38) deutet auf seine rechtspopulistische, wenn nicht gar rechtsextremistische Grundhaltung hin. So wird bei gegenwärtigen Demonstrationen oft Gewalt gegen Journalisten ausgeübt, die vorher als »Lügenpresse« beschimpft worden sind.[11] Da Jerome erst die »Systempresse« anprangert, um dann selbst zu Gewalt zu greifen, erscheint er authentisch.

Die passgenaue Sprache ist somit ein wichtiger Aspekt einer Ästhetik, die darauf abzielt, dass sich die Zuschauerinnen und Zuschauer mit den auf der Bühne dargebotenen

11 Vgl. Andreas Graf von Bernstorff, *Rechte Wörter. Von »Abendland« bis »Zigeunerschnitzel«*, Heidelberg 2020, S. 93.

Inhalten auseinandersetzen und sie als relevant für die Gegenwart begreifen. Dazu gehört auch, dass das Drama scheinbar offen endet. So werden die Rezipientinnen und Rezipienten aufgefordert, über den Ausgang des Dramas nachzudenken.

Das Scheitern der Kommunikation

Es gehört zu dieser ›Ästhetik des Realen‹, dass die Kommunikation zwischen dem Politiker Braubach und Jerome misslingt, das Drama eben nicht in ein glückliches Ende mündet. Eine andere Lösung hätte sich kaum als realistisch erwiesen. Dass die Kommunikation scheitert, liegt zum einen daran, dass Jerome Argumente ablehnt, die nicht seinem Weltbild entsprechen. Er glaubt nur, was er glauben mag, alles andere ist für ihn nicht wahr: »Alles Fake.« (S. 40) Doch Jerome ist nicht allein schuld an der misslingenden Kommunikation. So verpasst Braubach die Momente, in denen er Jerome auf Augenhöhe begegnen könnte. Als dieser ihm beispielsweise von seinen Arbeitsbedingungen erzählt und erläutert, warum weder der Mindestlohn noch die Gewerkschaft etwas an seinen prekären Arbeitsbedingungen ändert, reagiert der Politiker weder mit Verständnis noch mit konstruktiven Vorschlägen. Statt die Arbeitsbelastung des Paketzustellers ernst zu nehmen, tut Braubach dessen Sorgen ab und bezieht das Problem schnell auf seine eigene Lage:

> »Habe ich gesagt, dass alles gut läuft? Nein. Habe ich gesagt, dass alle Politiker gute Menschen sind? Nein, viele

> von denen sind sogar ausgemachte Idioten. Kann ich ganz im Vertrauen zugeben. Aber ich bin nicht karrieregeil, sonst wäre ich schon längst in der Wirtschaft. Da gibt es auch mehr Kohle. Wegen sowas ist man nicht in der Politik.« (S. 45)

Verständnis und Empathie ist Braubachs Rede nicht zu entnehmen.

Das Scheitern von Kommunikation erweist sich als Problem unserer Zeit. Diskussionen um Parallelgesellschaften, die sich immer mehr vom Staat entfernen, beherrschen auch den realen Diskurs der Gegenwart und lassen das vor der Pandemie geschriebene Stück auch im Jahr 2022 so aktuell erscheinen. Überträgt man die fiktive Handlung auf aktuelle gesellschaftliche Verhältnisse, so stellt sich die Frage, wie soziale Gruppen miteinander friedlich auskommen wollen, wenn sie nicht mehr in der Lage sind, einander zuzuhören und sich jeweils empathisch in den anderen hineinzuversetzen. Das Kommunikationsproblem ist paradox: Wie soll eine Kommunikation gelingen, wenn nicht beide Seiten Fakten und Rationalität anerkennen und einen respektvollen Umgang suchen? In dem Versuch, nicht aufzugeben und für Faktizität zu werben, kann die einzige Lösung gesehen werden, so die Kommunikationsexpertin Irene Neverla.[12] Ähnlich sieht es das Autorenduo Hübner und Nemitz. In Bezug auf eine mögliche Lösung des Kon-

12 Vgl. Irene Neverla, »›Lügenpresse‹ – Begriff ohne jede Vernunft? Eine alte Kampfvokabel in der digitalen Mediengesellschaft«, in: *Lügenpresse. Anatomie eines politischen Kampfbegriffs*, hrsg. von Volker Lilienthal und Irene Neverla, Köln 2017, S. 18–41, hier S. 40 f.

fliktes in *Furor* geben die beiden zu bedenken: »Sich bewusst zu machen, dass das rechte Denken existiert und dass es wächst, hilft, darauf reagieren zu können. Um in der Diskussion zu bleiben. Wenn es eine Moral des Stücks gibt, dann: weiterreden, auch wenn es schwerfällt.«[13] Das gelingt Braubach allerdings nicht.[14] *Furor* kann somit als ein Lehrstück des 21. Jahrhunderts gelten. Hübner erklärt: »Was auf der Bühne passiert, sollte vor allem mit dieser erschütterten Gesellschaft und dem Veränderungsbedarf unserer Welt zu tun haben – es müssen die brennenden Themen auf die Bühne, egal, wie sie erzählt werden.«[15]

Anke Christensen

13 Hayner, Hübner, Nemitz (s. Anm. 2), S. 73.
14 So fragt Jerome gegen Ende des Streites: »Kein Dialog mehr?«, worauf Braubach resigniert antwortet: »Das war nie einer.« (S. 59)
15 Hübner (s. Anm. 4), S. 75.

Zu den Autoren

Lutz Hübner, geb. 1964, studierte Germanistik, Philosophie und Soziologie in Münster. Einer anschließenden Schauspielausbildung an der Hochschule des Saarlandes für Musik und Theater in Saarbrücken folgten Engagements am Saarländischen Staatstheater und am Badischen Staatstheater Karlsruhe. Von 1990 bis 1996 arbeitete Hübner als Schauspieler und Regisseur am Rheinischen Landestheater Neuss und am Theater der Landeshauptstadt Magdeburg; seit 1996 ist er als freiberuflicher Schriftsteller und Regisseur tätig. Bekanntheit erlangte er u.a. auch durch seine Jugendstücke, z.B. *Das Herz eines Boxers* (1996) und *Creeps* (2000).

Sarah Nemitz, geb. 1964, studierte Tanz am Institut für Bühnentanz in Köln und anschließend Germanistik, Philosophie und Kunstgeschichte, bevor sie sich dem Schauspiel widmete. Engagements führten sie ans Rheinische Landestheater in Neuss, ans Theater der Landeshauptstadt Magdeburg und ans Theater Bielefeld; daneben wirkte sie in Filmproduktionen mit.

Das Duo verfasste ab 2001 zahlreiche erfolgreiche Theaterstücke und Drehbücher, darunter *Frau Müller muss weg* (2010, Verfilmung 2015), *Die Firma dankt* (2011, Verfilmung 2017), *Abend über Potsdam* (2017), *Furor* (2018) und *Die Wahrheiten* (2020), und gehört zu den auf deutschsprachigen Bühnen meistgespielten Dramatiker:innen.

***

Anke Christensen, Dr. Anke Christensen war bis 2017 Oberstudienrätin für die Fächer Deutsch, Geschichte und Wirtschaft/Politik an Gymnasien in Kiel sowie an der Deutschen Schule New York (USA). Seit 2012 ist sie abgeordnete Lehrkraft und seit 2017 wissenschaftliche Mitarbeiterin am Institut für Neuere Deutsche Literatur und Medien der Christian-Albrechts-Universität zu Kiel. Dort ist sie u.a. für den Bereich Literatur- und Mediendidaktik zuständig. Ihre Dissertation trägt den Titel *Jugenddramen von Lutz Hübner und Sarah Nemitz – ›Form follows function‹*.

Inhalt

Eröffnungsinszenierung *Homo Empathicus*, Deutsches Theater Göttingen. Foto: Thomas Aurin, CC BY-SA 3.0

Theater der Gegenwart

Dramentexte preisgekrönter zeitgenössischer Autor*innen in Einzelausgabe – thematisch relevant für eine junge Zielgruppe.

Folgende Bände sind bereits erschienen:

- **Lutz Hübner: Das Herz eines Boxers** (UB 14331)
- **Lutz Hübner / Sarah Nemitz: Abend über Potsdam** (UB 14175)
- **Lutz Hübner / Sarah Nemitz: Furor** (UB 14288)
- **Daniel Kehlmann: Die Reise der Verlorenen** (UB 14553)
- **Rebekka Kricheldorf: Homo Empathicus** (UB 14261)
- **Dea Loher: Unschuld** (UB 14205)
- **Armela Madreiter: südpol.windstill** (UB 14622)
- **Thomas Melle: Bilder von uns** (UB 14203)
- **Ewald Palmetshofer: die unverheiratete** (UB 14285)
- **Bernhard Schlink: 20. Juli. Ein Zeitstück** (UB 14465)
- **Petra Wüllenweber: Netboy** (UB 14401)

Reclam